Abenteuer
ESKAPADEN
AUSZEIT
AUSGLEICH
Wochen
STADT.LAND.
FLUSS.
FREE
ERLEBEN
KEIT
GRÜN
kleine
Fluchten
Wege
Lebensfreude
NATUR
GLÜCK
von Jessica Niedergesäß

## Nur ein paar Stündchen

*Nix wie raus, ganz schnell ins Grüne. Auch mit wenig Zeit lässt sich Großartiges erleben. Kleine und große Abenteuer warten direkt vor der Haustür.*

**4H**

## Raus für einen Tag

*Man muss nicht das Land verlassen, um neue Welten zu entdecken. Einfach mal einen Tag lang raus aus dem Alltagsallerlei und rein in die Natur.*

**12H**

## Ferien für ein Wochenende

*Warum auf die große Auszeit warten, wenn man einen Wochenendtrip in der Nähe machen kann? Vergnügen, Abenteuer und Wohlgefühl kompakt und intensiv.*

**36H**

# LIEBE LESERIN, LIEBER LESER,

rund um Düsseldorf gibt es so viel zu sehen! Draußen zu sein ist zu jeder Jahreszeit schön. An der frischen Luft kann man wunderbar seine Gedanken ordnen und neue Perspektiven kennenlernen. Ob nur für ein paar Stunden, einen ganzen Tag oder direkt ein Wochenende.

Bei einer entspannten Radtour am Wasser, auf der Suche nach leckeren regionalen Spezialitäten oder auch bei einer Tuchfühlung mit Eseln oder Alpakas. Die meisten Eskapaden bringen vor allem ein ganz großes Glücksgefühl mit sich. Denn hier in der Rheinregion ist es grüner und entspannter, als man denkt.

Viele wunderbare Eskapaden in und um Düsseldorf wünscht Ihnen, dir und euch

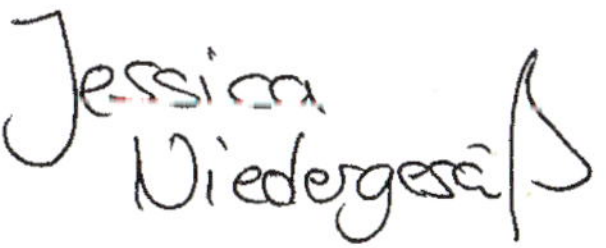


PS: Informationen zum GPX-Download gibt's auf Seite 224.

AUSZEIT.
ABENTEUER.
LEBENSFREUDE.

# 1. KAPITEL ABSTECHER

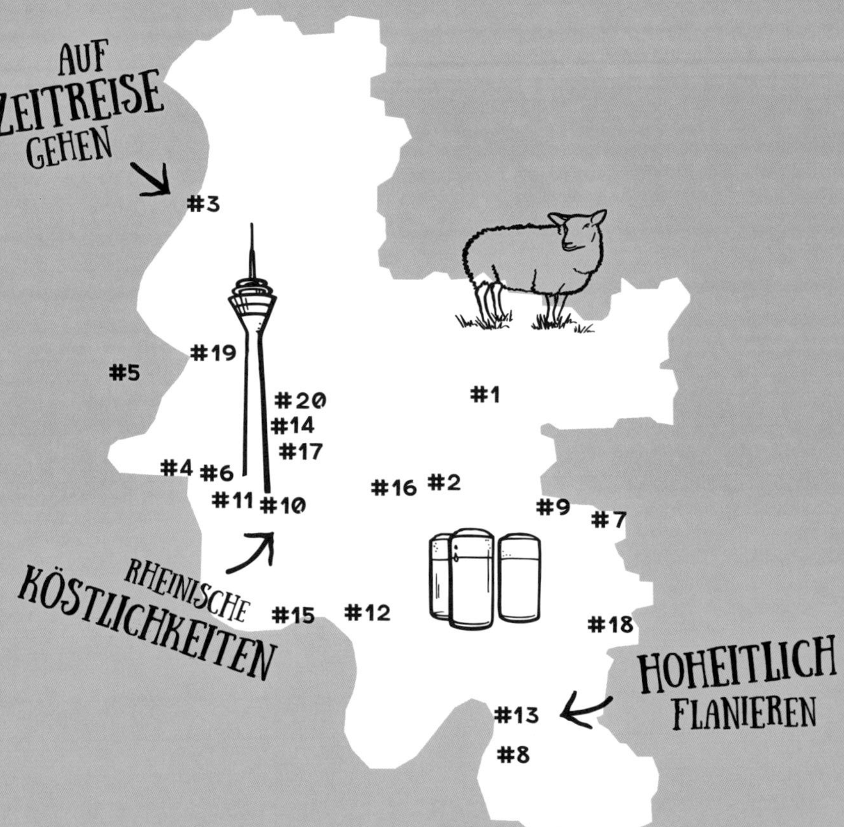

## Nur ein paar Stündchen

*Die Frischluftreserven auffüllen, in der Großstadt zum Gartenprofi werden oder die Gedanken in der Natur ordnen – die kleine Auszeit ist ganz nah.*

# 4H

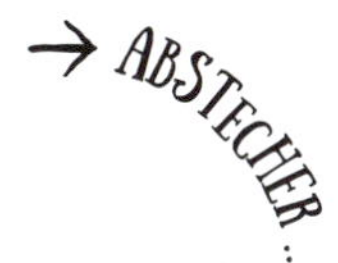


# TIERISCHE FREUDE

## … Spaziergang im Wildpark Grafenberg

*Eine kleine Waldflucht in der Stadt – das ist der Wildpark Grafenberg. Im gleichnamigen Grafenberger Wald ist Tierbeobachtung und Akku-Aufladen angesagt. Perfekt für Jung und Alt, denn füttern möchte die scheuen Rehe und gierigen Wildschweine garantiert jeder.*

#Rehegucken #dickanziehen #Fütterungszeit #mitallenSinnen

Majestätisch und stolz: Die Rehe im Wildpark Grafenberger Wald sind immer ein schönes Fotomotiv.

Zum Jahresanfang haben die Tiere besonders viel Hunger. So ist es auch im Wildpark Grafenberg im Grafenberger Wald. Mit einer dicken Jacke, Schal, Mütze und einer großen Tüte Möhren oder Äpfel ausgestattet, ist man der Liebling der Tierwelt.

Der 1927 gegründete Wildpark ist ein Ausflugsziel für jede Generation. Kinder fühlen sich hier im idyllischen und mystischen Wald genauso wohl wie Oma und Opa. Schließlich gibt es hier viel zu entdecken. Knapp 100 Tiere wie zum Beispiel Rehe, Hirsche und Wildschweine nennen den Wildpark ihr Zuhause.

Das komplette Gelände ist 40 Hektar groß und viele Tiere spazieren einfach über die weitläufigen Wiesen, andere dagegen springen ins Dickicht in Deckung.

Auch ein kleines Bienenhaus ist im Wildgehege Grafenberg beheimatet. Im Januar und Februar sind die Bienen zwar nicht aktiv, man kann sich aber vorstellen, was für eine Höchstleistung die kleinen Helferlein in den blühenden Monaten verrichten.

Neben den ganzen Tieren kommt der Spielspaß hier nicht zu kurz. Im Wildgehege gibt

---

Hin & weg: U73 bis Auf der Hardt/LVR-Klinikum.

Beste Zeit: Im Januar und Februar nicht so voll, aber ganzjährig empfehlenswert (www.wildpark-duesseldorf.de).

Dauer: ca. 2 Std. mit Picknickpause.

Ausrüstung: Rohkost für die Rehe, an nassen Tagen wetterfeste Kleidung und feste Schuhe (matschige Wege).

---

Oh du schöne Waldwanderung! Besonders, wenn man auf den Wegen verschiedenen Tieren begegnet.

es noch einen weitläufigen Spielplatz, genug Raum mit Bänken und Tischen zum Rastmachen und eine Waldschule. In dieser können große und kleine Naturfreunde die Pflanzen- und Tierwelt noch intensiver erkunden. Und das mit allen Sinnen, denn das Betrachten, Fühlen und Riechen ist wichtiger Bestandteil, um zu lernen, wie der Wald funktioniert.

Während sich Kleinkinder vielleicht nur für die grunzenden Wildschweine interessieren und dann den Rundgang an der frischen Waldluft aufregend finden, können die Eltern bei diesem Ausflug einfach mal durchatmen. Denn eines sucht man hier im Wildpark Grafenberg vergebens: Abgase und Motorengeräusche.

**FAZIT: BEWAFFNET MIT EINER ORDENTLICHEN PORTION ROHKOST REIN IN DEN WALD UND BEIM BEOBACHTEN DER VIELEN TIERE EINFACH MAL DEN KOPF ABSCHALTEN.**

HILFE –
Meine Nachbarn
wohnen
nebenan...

# REBELLISCHE KUNST

## … Fototour auf der Kiefernstraße in Flingern

#2

*Street-Art und Graffitis sind in fast jeder Stadt ein Hingucker. Düsseldorf hat mit Flingern-Süd aber einen multikulturellen Fleck, der gar nicht so oft besucht wird. Früher noch Arbeiterviertel und heute auf dem Sprung zum Szeneviertel - die Kiefernstraße.*

#buntundwild #kreativ #Fotohotspot #StreetArt #Kameraraus

Bunte Augenblicke an jeder Ecke. Wer mehr Farbe in sein Leben bringen möchte, ist hier richtig.

Betritt man die Kiefernstraße, sieht man sie sofort: die großen Wandmalereien an den Häuserfronten. Nicht überall prangt es farbenfroh und so findet man auch mal Kunst, die etwas trister und verwittert ist. Für eine Fototour die perfekte Kombination!

Düsseldorf wird für seine florierende zeitgenössische Kunstszene gerühmt, die nicht nur lokal, sondern auch international einen guten Ruf hat. Die Kiefernstraße ist nicht an allen Ecken schön, aber dennoch springt die Kreativität der Straßenkünstler einem sofort ins Auge.

Die Geschichte der Kiefernstraße ist von Leid, Rebellion und – in heutiger Zeit – Weltoffenheit geprägt. Neben einem prominenten Serienmörder, der in der Gegend sein Unwesen trieb – Peter Kürten, besser bekannt als »Vampir von Düsseldorf« –, gab es in den 80er-Jahren hier eine medienwirksame Hausbesetzung. Die Gebäude in dieser Straße wurden okkupiert, um zu verhindern, dass das Gebiet renoviert und in ein Geschäftsviertel umgewandelt wurde, während es ein riesiges Problem gab: Wohnungsmangel in der gesamten Stadt.

Dieser Freigeist ist immer noch zu spüren, und nicht selten findet man liberale und auch politische Kunst. Ob Jesus auf einem Bauwagen, Buddha an einem Giebel oder bunte zusammengesetzte Mosaike an den Fassaden: Jede künstlerische Richtung findet hier ihren Platz. Und darüber zu sinnieren ist ausdrücklich erwünscht!

Eine gemütliche Pause zwischen den bemalten Häuserwänden bietet sich im Restaurant Clube Portugues (www.clube-portugues.de) an. Dieses farbenfrohe portugiesisch gestaltete Lokal besticht mit einem leckeren Mittagstisch und vielen Spezialitäten.

Neben der Street-Art findet man hier auch das Kulturbüro Kiefernstraße und den Nachtclub

---

**Hin & weg:** U75 oder Tram 706 bis Kettwiger Straße.

**Beste Zeit:** Ganzjährig.

**Dauer:** 1–2 Std. mit Pause im Café.

**Ausrüstung:** Unbedingt ein Fotoapparat!

---

Im Winter ist auf der Kiefernstraße in Flingern wenig los. Da lohnt es sich, auf die Suche nach kleinen Details zu gehen und »Ich sehe was, was du nicht siehst« zu spielen.

AK47. Das ist der Club, in dem in den 80er-Jahren die Kult-Punk-Helden der deutschen Band Die Toten Hosen ihren Durchbruch feierten. Bis heute ist der Club mit seinen Konzerten legendär.

Und immer gilt: Augen auf und Kamera parat! Denn mit etwas Glück sieht man vielleicht ein paar der Künstler live in Aktion, denn eines ist sicher – auf der Kiefernstraße ist immer etwas los!

**FAZIT: BUNT, BUNTER, AM BUNTESTEN! DIE KIEFERNSTRAßE ÜBERRASCHT MIT IHREM REBELLISCHEN CHARME. PERFEKT FÜR EINE MOTIV-SCHATZSUCHE.**

# HISTORISCHE ZEITREISE

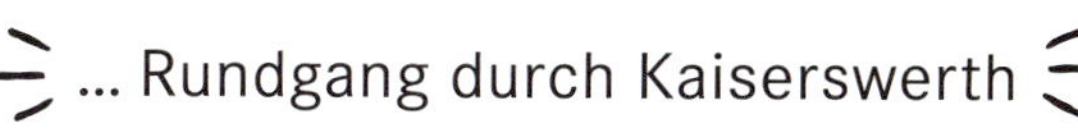

*Die Großstadt ist irgendwann zu laut, die Geschäfte zu einheitlich? Kein Problem! Nur einen Katzensprung von der Düsseldorfer Innenstadt entfernt findet jeder im beschaulichen und idyllischen Kaiserswerth einen Ruhepol. Hier fühlt man sich richtig wohl.*

#barockeGebäude #RheinBlicke #altesPflaster #Dorfidylle

Die Ruinen der Kaiserpfalz thronen erhaben am Rhein. Ihre Kraft ist immer noch spürbar und mit einem Buch der spannenden Geschichte bewaffnet, kann man hier wunderbar verweilen.

Dass es in Düsseldorf noch Orte gibt, die Dorfflair haben, glaubt auch kaum jemand. Der Stadtteil Kaiserswerth mit der kleinen Innenstadt ist Idylle pur.

Die historische Altstadt liegt in unmittelbarer Nähe zum Rhein, sie ist von diesem nur einen Steinwurf entfernt. Ausblicke auf die Ader von Düsseldorf sind also garantiert.

Am besten entdeckt man Kaiserswerth bei einem Rundgang, der am Parkplatz unweit der historischen und geschichtsträchtigen Kaiserpfalz startet. Auf dem Weg kommt man am sagenumwobenen Cadillac, der einst Elvis Presley gehört haben soll, vorbei. Dieser steht auf dem Außengelände des Restaurants Galerie Burghof (www.galerie-burghof.de).

Weiter geht's an der Rheinpromenade entlang zur Kaiserpfalz, die nicht zu übersehen ist. Majestätisch thront die Ruine des sagenumwobenen Kaisers Friedrich Barbarossa, der einst Steine aus dem Siebengebirge per Schiff nach Kaiserswerth bringen ließ, am Wasser.

Ob vom Wasser oder von Land betrachtet ist die Silhouette der Kaiserpfalz ein Wahrzeichen des Stadtteils. Einst mit vier Meter dicken Wänden ausgestattet, lässt das, was noch übrig ist, die damalige Pracht erahnen (www.kaiserpfalz-kaiserswerth.de).

Die kleine Rheinpromenade führt weiter zum Mühlenturm, eines der beeindruckendsten historischen Gebäude in Kaiserswerth – und eines der wenigen, das die große Zerstörung von 1702 überstanden hat. Durch den Ortskern von Kaiserswerth mit seinen schönen Fassaden – unbedingt auf die vielen Details achten – führt der Weg zum historischen Friedhof. Zwischen Grabsteinen wird man sich hier auf diesem kleinen grünen Fleckchen

---

**Hin & weg:** U79 bis Kittelbachstraße, oder im Sommer per Schiff ab Rheinuferpromenade.

**Beste Zeit:** Das ganze Jahr über schön, im Sommer pendelt die Weiße Flotte der Rheinschifffahrt regelmäßig zwischen Kaiserswerth und der Düsseldorfer Innenstadt (www.w-flotte.de). Mittwochs ist Wochenmarkt.

**Dauer & Strecke:** Mit diversen Stopps ungefähr 3 Std., die Strecke beträgt insgesamt ca. 3,5 km.

**Ausrüstung:** Ein Buch zur spannenden Geschichte der prächtigen Kaiserpfalz.

---

Frische Luft schnappen, den Rhein genießen und durch die Stadt laufen – Kaiserswerth zeigt sich an vielen Ecken immer wieder von einer anderen Seite. Da lohnt sich auch ein Abstecher in die Gassen.

schnell bewusst, wie klein Kaiserswerth einst war, bevor die Stadt eingemeindet wurde.

Zurück im historischen und denkmalgeschützten Altstadtkern am Marktplatz ist es Zeit für einen Kaffee oder einen Besuch des Wochenmarktes (immer mittwochs), der auf dem kopfsteingepflasterten und mit Backsteinhäusern gesäumten Marktplatz ein ganz besonderes Ambiente hat. Der Weg zurück zum Startpunkt führt durch die Grünanlage, die zwischen historischem Altstadtkern und Hauptstraße liegt. Hier kann man den Joggern und Gassigängern noch mal Hallo sagen.

**FAZIT: EIN HISTORISCHER KOPFSPRUNG IN DIE GESCHICHTE VON DÜSSELDORF. GEWÜRZT MIT EINER PRISE DORFIDYLLE. DANACH NOCH EIN SPAZIERGANG AM RHEIN – PERFEKT!**

Rheinallee
59-21

# DIE LUFT IST RHEIN

## #4

*Will man den Drang vieler Düsseldorfer verstehen, den Rhein als Mittelpunkt zu sehen, muss man nur einen Abstecher auf die Rheinallee machen. Am besten an einem Sonntag bei Kaiserwetter und mit ganz viel Zeit zum Schlendern und Genießen.*

#RheinFeelin' #flanieren #Panoramablick #typischDüsseldorf

Grün und Blau, so weit das Auge reicht. Farben, die man vor allem im Frühling besonders gebrauchen kann. Am Rhein lässt es sich wunderbar durchatmen.

Sobald die ersten Sonnenstrahlen den grauen Winter durchbrechen, die Pflanzen zaghaft ihre Köpfe zur Sonne recken, dann erwacht das Leben am Rhein aus einem Dornröschenschlaf. Besonders intensiv und ausgeprägt entdeckt man dieses Phänomen auf der linken Rheinuferseite auf der Rheinallee zwischen Heerdt und Oberkassel.

Am besten erkundet man die knapp vier Kilometer lange Rheinallee zu Fuß und an einem schönen sonnigen Tag. Im Januar und Februar dick eingepackt mit Schal und Mütze, denn auch hier kann eine steife Brise wehen. Immer gilt: Augen auf! Auf der Strecke locken nicht nur der Rhein mit seinem glitzernden Charme und die Villen an der Allee, sondern auch viele Wahrzeichen von Düsseldorf, die auf der anderen Seite die Sonne begrüßen.

Auch für Nicht-Spaziergänger hat die von Platanen gesäumte Promenade viel zu bieten, auf dem gut geteerten und gepflegten Asphalt kann man auch auf Inlineskates, mit dem Fahrrad oder auf dem E-Scooter eine gute Figur machen.

Hier am Rheinufer sucht sich jeder einen lauschigen und passenden Platz an der Sonne,

denn das Ufer ist offen und perfekt für Sonnenanbeter gestaltet. Und wer nicht gerne auf dem Präsentierteller sitzt, der lässt sich auf einer der vielen Bänke nieder und beobachtet einfach mal die Leute – hach, kann das Leben schön sein!

Die Rheinallee zieht sich hin bis zur Rheinkniebrücke. Dort wird diese unterbrochen, geht aber auf der anderen Seite als Kaiser-Wilhelm-Ring weiter. Wer noch länger flanieren möchte, hat hier einen schönen Blick auf die Stadtteile Carlstadt und die Altstadt.

Auf der prachtvollen Allee ist eigentlich immer etwas los, nur bei Regen scheuen die Düsseldorfer die linksrheinische Seite und halten sich eher in der Altstadt oder Königsallee auf.

**FAZIT: ALLEEN SIND ZUM FLANIEREN DA! IN TRAUMHAFTER KULISSE KANN MAN HIER AM RHEIN SCHÖNE, KURZWEILIGE STUNDEN VERBRINGEN. FRISCHE LUFT INKLUSIVE.**

---

**Hin & weg:** U75 bis Nikolaus-Knopp-Platz, von da aus sind es ca. 400 m bis zum Rhein.

**Beste Zeit:** An einem sonnigen Sonntag im Frühjahr oder an jedem anderen Tag, an dem die Sonne in Düsseldorf scheint.

**Dauer & Strecke:** 1–3 Std. für 4 km, je nachdem, wie viel Rast man zwischen Heerdt und Oberkassel macht.

**Ausrüstung:** Im Januar und Februar eine dicke Jacke, Mütze und Schal – es kann frisch werden! Wer mag, nimmt sich noch eine Thermoskanne mit heißem Tee mit. Im Sommer ist natürlich auch ein Altbier gerne gesehen.

---

# LA VIE EN ROSE

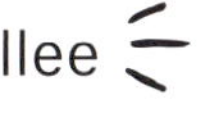

*Mit dem Kirschblütenfest Hanami wird in Japan traditionell der Abschied vom Winter gefeiert. Und auch in der Nähe von Düsseldorf kann man ohne viel Trubel ein Teil des schönen Spektakels sein. Hier blühen die Kirschbäume besonders schön!*

Ein sanftes Rosa ist die beste Medizin für ein erschöpftes Gemüt. Denn die Farbe Rosa steht für Weiblichkeit, Jugend und Romantik. Ein Spaziergang zwischen blühenden Kirschbäumen hellt jede Stimmung auf.

Die Kirschblüte in Bonn kennt fast jeder. Wie wäre es also, einen genauso schönen (wenn nicht sogar schöneren) Ort zu besuchen, um das zartrosa Schauspiel zu bestaunen?

Das Kirschblütenfest lockt in Japan alljährlich zu Beginn des Frühlings Tausende Menschen zum fröhlichen Miteinander in Parks und Gärten. Jung und Alt verabschieden den kalten und kargen Winter und genießen im Familien-, Freundes- oder Kollegenkreis das Aufkeimen einer neuen aufregenden Blütensaison.

Die Kirschblüte ist außerdem eines der wichtigsten Symbole der japanischen Kultur: Sie steht für Schönheit und Aufbruch, aber auch Vergänglichkeit. Viele herrliche Exemplare gibt es in Meerbusch auf der Büdericher Allee. Nur 500 Meter lang ist die Straße, die auf der Seite zum kleinen Park am Meerbad mit Kirschblütenbäumen gesäumt ist.

Die klassische Kirschblüte beginnt Anfang April, die Bäume in Meerbusch sind ein wenig später dran, da es sich um eine untypische Art handelt. Ab Mitte April brechen die zarten Knospen auf und das *Hanami* beginnt.

Im April wird in Meerbusch seit 2019 das Meerbuscher Kirschblütenfest gefeiert. Die Besucher dürfen sich auf Trommler, Tänzer, *Ikebana* und kulinarische Leckerbissen aus Japan freuen. Aber auch außerhalb des Festes ist es unbedingt empfehlenswert, einen Ausflug nach Meerbusch zu machen.

Bewaffnet mit Picknickdecke, Proviant und guten Freunden kann man auf der großen Wiese am Meerbad ein paar schöne Stunden verbringen und sich an der Magie der Kirschblüte erfreuen.

Und das Beste? Anders als in vielen Städten erwarten den Besucher hier keine großen Menschenmassen, denn das Kirschblüten-Spektakel in Meerbusch ist (Pssst ... bitte nicht weitersagen!) immer noch ein kleiner Insidertipp.

Hanami ist die Kunst des Kirschblütenschauens. Das kann man am besten entspannt auf einer Decke und mit leckerem Proviant.

**FAZIT: EINE DOSIS ROSA KANN DOCH JEDER GEBRAUCHEN, ODER? IN MEERBUSCH KANN MAN SICH AN DER SCHÖNHEIT DER SAKURA UNGESTÖRT ERFREUEN.**

---

**Hin & weg:** U74 oder U79 bis Büderich Landsknecht, von da aus sind es knapp 900 m zu Fuß. In der Innenstadt von Büderich kann man auch gut parken.

**Beste Zeit:** Natürlich zur Kirschblüte! Voraussichtlich Mitte April. Wer sich informieren möchte, ruft am besten bei der Stadt Meerbusch an (Tel. 02159 9160).

**Dauer:** Ein schöner Nachmittag.

**Ausrüstung:** Picknickdecke, Proviant, Kamera und eine Jacke.

---

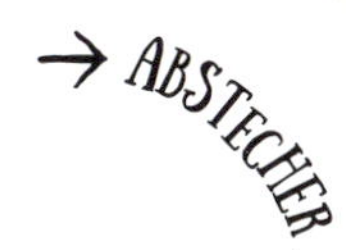


# SCHÄFCHEN ZÄHLEN

## #6

*Ist man am Rhein unterwegs, hört man des Öfteren das durchdringende »Mäh« oder auch »Määääh« der flauschigen Schafe, die hier grasen und sich bei der Sache nicht stören lassen. Perfekt für einen Spaziergang mit meditativem Charakter.*

#Schafherde #mäh #tierischeBegleitung #schaftastisch

Der schönste Blick auf den Rheinturm? Den erhascht man wahrscheinlich immer am Wasser.

In einer Großstadt in Deutschland würde man mit Sicherheit nicht unbedingt Schafsweiden erwarten. In Düsseldorf ist das aber anders. Denn entlang beider Rheinseiten ziehen sich sehr viele und breite Grünflächen.

Hier gibt es genug Gras, um ganze Schafsherden zu ernähren. So wuselt man sich in einem Moment noch durch den Trubel der Altstadt und entspannt im nächsten schon beim Picknick auf der Weide. Dabei kann man den wählerischen Paarhufern beim Kauen und »Mäh«-en zuhören.

Am Düsseldorfer Rheinufer sind aktuell vier Schäfer mit insgesamt fünf bis sechs Herden in der Deichpflege unterwegs. Deichpflege – was ist das? Das Schaf ist von Natur aus der optimale Deichpfleger. Mit den Klauen übt ein erwachsenes Tier einen Druck von drei Tonnen pro Quadratmeter aus, das entspricht einer schweren Rasenwalze. So wird das Erdreich verdichtet, und genau das ist ein Hauptziel der Deichpflege.

Zudem fressen die eifrigen Schafe die Wiesen schön. Das Gras wird gleichmäßig kurz gehalten und verwildert nicht. Und das freut natürlich jeden Spaziergänger am Rheinufer!

---

**Hin & weg:** Meist sind die Schafe gegenüber der Altstadt in Oberkassel, nebenan in Niederkassel oder am Rheinbogen im Hafen anzutreffen.

**Beste Zeit:** Vom Frühjahr bis zum Herbst.

**Dauer:** Die Länge eines Spaziergangs.

**Ausrüstung:** Decke und Proviant, wer ein Picknick plant, ansonsten sind die Schafe tolle Fotomotive.

---

Ein gemütliches »Mäh« begleitet den Spaziergänger bei dem Besuch der flauschigen Rhein-Helfer.

Durch die Schafsbeweidung am Rhein werden generell ökologisch wertvolle Flächen naturnah gepflegt und bleiben in ihrem ökologischen Wert erhalten. Die Flächen würden nämlich ansonsten brachliegen.

Für einen Spaziergang ist die Kombination aus frischer Luft mit Schafegucken perfekt, denn irgendwie sind die Schafsherden idyllisch, und vor bekannten Sehenswürdigkeiten wie dem Rheinturm oder der Altstadt-Skyline geben die Schafe ein ganz neues Bild ab. Den Blickwinkel zu ändern kann nicht schaden, und bei einem lautstarken »Mäh« wird man wieder daran erinnert, dass man sich in einer Großstadt befindet.

**FAZIT: VON SANFTEN BIS RUPPIGEN TÖNEN – DIE SCHAFE AM RHEINUFER VERSCHAFFEN SICH GEHÖR UND DAS ZUSCHAUEN MACHT SPAß.**

# DAS GELBE WUNDER ERLEBEN

… zwischen den Rapsfeldern nahe Erkrath

**#7**

*Gelb, gelb, gelb sind alle meine Pflanzen … Zwischen der Stadtgrenze von Düsseldorf und Erkrath kann man jedes Jahr ein farbenprächtiges Schauspiel bestaunen. Nach dem Frühjahr und kurz vor dem Sommer ist das Motto: Gelb!*

#gelberwirdsnicht #frischeBeeren #Genussmomente #Landwirtschaft

Wie eine gelbe Therapie und ein schneller Stimmungsaufheller. Zwischen den Feldern wird jede Frühjahrsmüdigkeit in Energie umgewandelt. Perfekt, um den Spaziergang ein wenig auszuweiten.

Im Winter sind die circa zwei Kilometer breiten Rapsfelder auf der Stadtgrenze zunächst ziemlich unspektakulär. Nach dem Frühling, wenn die Tage länger werden und die Natur zu neuer Kraft erwacht, erlebt man hier sein gelbes Wunder.

Der Raps blüht im jedem Jahr zu einer anderen Zeit. Meist ist aber Ende April der Moment gekommen, in dem der Raps am eindrucksvollsten erstrahlt. Ein gelber Teppich aus Blüten, der die Felder bedeckt: ziemlich fotogen! Vor allem nach dem kargen Winter freut man sich doch über einen schönen leuchtenden Farbtupfer.

Durch die Felder kann man hier entweder spazieren und sich an der gelben Pracht erfreuen, oder sich auf das Fahrrad schwingen und die knalligen Felder an sich vorbeiziehen lassen. Ein Fotostop muss zwischendurch sein, denn die Blütenpracht ist einfach zu schön, um sie nicht zu knipsen.

Die Rapsfelder in Erkrath sind voneinander getrennt durch die Hauptstraße in der Mitte. Auf der linken Seite befinden sich die Felder rund um die – nicht mit dem PKW befahrbare – Straße Im Hochfeld, auf der rechten Seite liegen die Felder am Ankerweg.

---

**Hin & weg:** Starten vom Bahnhof in Erkrath, von da aus kommt man direkt mit dem Fahrrad durch die Düsselauen bei Gödingshoven zu den Rapsfeldern.

**Beste Zeit:** Die Rapsblüte beginnt im späten April oder Mai, je nach Witterung.

**Dauer:** 2 Std.

**Ausrüstung:** Fahrrad, Wasser, ein wenig Geld für frische Früchtchen vom Bauern.

---

In der geografischen Mitte des gelben Wunders muss man unbedingt eine kleine Pause am Himbeerfeld von Benninghoven (www.bauerngarten-benninghoven.de, verschiedene Beeren warten darauf, gepflückt zu werden) einplanen. Hier lautet das Motto »Regional, ökologisch und nachhaltig«, und am Saisonstand (April bis Oktober) gibt es hausgemachte Konfitüren sowie heimisches Obst und Gemüse.

Wer eine größere Rast einlegen möchte, kann im 15 Minuten entfernten Landcafé Niermannshof im Niermannsweg 39 in Erkrath hausgemachte Torten, Törtchen und Kuchen probieren (www.cafekunterbunt.info).

**FAZIT: EIN GELBER TRAUM NACH DEM WINTER, DER GEIST UND SEELE ERFRISCHT!**

Sollte noch Zeit und der Entdeckergeist geweckt sein, bietet sich von hier ein Abstecher in die Bruchhauser-Feuchtwiesen in Erkrath an. Diese befinden sich nur 20 Minuten vom Café entfernt.

# MYSTISCHE AUEN

## ... in der Urdenbacher Kämpe

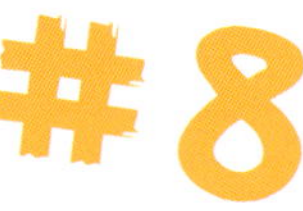


*Genieße den AuenBlick! Das ist das Motto in der verträumten Urdenbacher Kämpe. Zahlreiche Apfel- und Birnbäume säumen die Wege und der Rhein darf hier im Gegensatz zu vielen anderen Gebieten seine Auen noch überfluten.*

#Altrhein #spezielleBewohner #Tümpel #Streuobstwiesen #Rheinauen

Beim Start in den Bürgeler Wiesen zaubern Wiesenkräuter wie Wiesenknopf und Bocksbart eine Vielfalt bunter Farben in die Umgebung. Dazu runden ungefähr 850 Birnbäume und 400 Apfelbäume das schöne Bild der ursprünglichen Landschaft ab.

Der erste Teil des großes Rundweges in der Urdenbacher Kämpe ist gesäumt von Obstwiesen mit alten Apfel- und Birnbäumen und knorrigen Kopfweiden. Darunter sind seltene alte Birnensorten wie zum Beispiel die Köstliche von Charneux.

Für brütende Vögel und Insekten haben die bizarren alten Kopfweiden eine große Bedeutung. Auch Grünspecht, Gartenrotschwanz und Hohltaube, Wiesel, Iltis und Igel leben im Grün der Kämpe.

Nach drei Kilometern erreicht man den dahinfließenden Rhein und je nach Wasserstand bieten sich hier immer neue Aussichten. Am sandigen Rheinstrand mit vielen Muscheln legt auch die Fähre nach Zons ab (Eskapade #21). Wer Lust auf eine kleine Zeitreise ins Mittelalter und etwas Zeit mitgebracht hat, sollte hier übersetzen (www.faehre-zons.de).

Weiter geht der Weg am Rhein entlang. Möchte der wissenshungrige Entdecker hier mehr über Flora und Fauna erfahren, ist ein Abste-

Gibt es eigentlich etwas Schöneres als die Mischung aus Natur, neugierigen Tieren und dem Glitzern des Wassers?

cher zum Haus Bürgel (www.hausbuergel.de) ein Muss. Die Mitarbeiter erfassen hier zum Teil gefährdete Tier- und Pflanzenarten und sorgen für die Pflege von Hecken und Obstbäumen, Mooren und brachgefallenen Wiesen. Zahlreiche Veranstaltungen stehen auf dem Programm, wie Vogelstimmenexkursionen, die Europäische Nacht der Fledermäuse und Kurse, etwa zu Wild- und Gartenkräutern rund um Haus Bürgel.

Das letzte Stück am Rhein ist von mächtigen Schwarzpappeln und Silberweiden, die bis ans Rheinufer reichen, besiedelt. Jetzt ist auch schon Halbzeit, und nach weiteren drei Kilometern erreicht man den historischen Altrhein. Dieser fasziniert mit seinem Mosaik aus auentypischen Lebensräumen und seinen steilen Felskanten. Für viele (durchaus auch exotische) Lebewesen ist das Gebiet hier ideal, und von einem Vogelkonzert begleitet ist der Weg malerisch.

Eine Wanderung macht bekanntlich hungrig – verlässt man nach gut einem Kilometer den

---

**Hin & weg:** Ab Bahnhof Benrath mit dem Bus 788 Richtung Monheim bis Mühlenplatz. Parken am Wanderparkplatz Piels Loch.

**Beste Zeit:** Ganzjährig schön, am schönsten aber zur Obstblüte im Frühjahr.

**Dauer & Strecke:** Rundweg knapp 9 km, mit Abstecher zum Haus Bürgel oder Café ein wenig länger. Insgesamt 3–4 Std.

**Ausrüstung:** Festes Schuhwerk, denn wegen der regelmäßigen Überflutung durch Hochwasser können Wege schlammig sein. Kamera und Entdeckergeist nicht vergessen!

---

Magisch! Wenn das Licht bei Sonnenuntergang durch die Bäume scheint, verwandeln sich die Kämpe.

Altrhein-Weg, kann man im Café & Restaurant Hotte-Hü (www.restaurant-hotte-hue.de) eine kleine Rast einlegen, bevor es wieder zurück in Richtung Schildkröten-Sonnenterasse geht.

Zu den Schildkröten, die hier im Sommer in der Sonne faulenzen, gesellen sich auch seltene Wasservögel an den Tümpeln dazu. Mit etwas Glück kann man auch Schwäne, Rostgänse, Graureiher und vielleicht sogar einen Eisvogel entdecken. Die kleine Wanderung beendet man am Startpunkt. Es bietet sich an, einen kleinen Abstecher in das Dorf mit Herz zu machen, denn so wird Urdenbach von den Einheimischen liebevoll genannt. Zu Recht!

**FAZIT: OB QUAKKONZERT ODER VOGELSYMPHONIEN – DAS GEBIET DER URDENBACHER KÄMPE IST SO WUNDERSCHÖN, DASS MAN DIE NATUR HIER EINFACH GENIEßEN MUSS.**

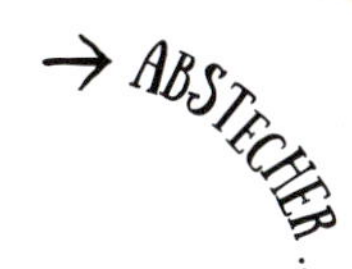


# IMMER DER NASE NACH

## #9

*Schon von Weitem duftet es würzig-kräftig an einigen Stellen im Eller Forst. Dann weiß man, es beginnt die Bärlauch-Saison! Mit einem Körbchen bewaffnet rein in den Wald – so erlebt man den Eller Forst im Frühling am besten.*

#Geschmackssache #mehralsnurLauch #kulinarischeSchatzsuche

Achtung, Verwechslungsgefahr – der »echte« Bärlauch riecht intensiv nach Knoblauch, seine giftigen Doppelgänger dagegen nicht.

Der Eller Forst ist auch ohne den heimlichen Star des Frühlings ein schönes Ausflugsziel und perfekt für einen Abstecher! Doch mit der Bärlauch-Saison hat man hier auch noch einen Grund, von den Wegen aus ein wenig tiefer in den Wald zu gehen und nach den duftenden Kräutern zu suchen.

Bärlauch findet man bis in 1900 Metern Höhe. Das würzige Kraut fühlt sich vor allem in schattigen, feuchten Wäldern, entlang von Bächen und Auen wohl. Es bevorzugt humus-, kalk- und nährstoffreiche Erde.

Stößt man erst einmal auf den Bärlauch, hat man Glück, denn meist tritt er in Massen auf und kann ganze Waldböden einkleiden. Ihn im Wald zu entdecken ist dank seines intensiven Geruchs ziemlich einfach!

Die Bärlauch-Saison beginnt je nach Region Mitte März. Dann sprießen die saftigen und nicht wenig nach Knoblauch riechenden Blätter aus der Erde. Die Saison endet mit der Blütezeit des Bärlauchs etwa Anfang Mai. Er wächst zwar auch noch danach, aber ernten sollte man das Wildkraut dann nicht mehr!

---

**Hin & weg:** S28 in Richtung Mettmann Stadtwald bis zur Haltestelle Gerresheim. Von da aus sind es rund 15 Min. zu Fuß bis zum Waldrand.

**Beste Zeit:** Mitte März bis Anfang Mai. Vorsicht! Wenn der Bärlauch blüht, ist er giftig, dann nicht mehr sammeln.

**Dauer & Strecke:** 7 km durch den Eller Forst; je nachdem, wie schnell man den Bärlauch findet, ca. 2–3 Std.

**Ausrüstung:** Körbchen oder Behälter für den gepflückten Bärlauch.

---

Abseits der Pfade wandern. Das ist nötig, denn nur dort findet man den würzigen Bärlauch.

Doch wie erkennt man Bärlauch sicher richtig? Schon wenig Druck hinterlässt auf den Bärlauchblättern Druckstellen, welche auch seinen intensiven Geruch freisetzen. Anders als bei seinen Doppelgängern (Herbstzeitlose und Maiglöckchen) ist die Blattunterseite matt. Pro Stiel wächst jeweils nur ein Blatt. Besonders im April hängen die weiterentwickelten und größeren Blätter leicht nach unten.

Der Waldspaziergang erfrischt, und die Suche nach dem frühlingshaften Bärlauch macht Spaß. Der Weg führt auch am Unterbacher See vorbei, hier kann man noch ein wenig den Blick aufs Wasser genießen oder, wenn man Lust hat, noch einen Rundgang um die drei Seen einschieben (Eskapade #18).

Ist man fündig geworden, lohnt es sich, den Bärlauch zu Hause zu verarbeiten. Ein leckeres Pesto ist immer eine gute Idee. Mit Öl bedeckt, hält sich das Pesto mehrere Wochen im Kühlschrank.

**FAZIT: IM FRÜHLING MACHT MAN SICH AUF DIE SUCHE NACH FRISCHEM BÄRLAUCH. SCHNELL VERARBEITET UND LECKER!**

## Rezept für ein schnelles Bärlauch-Pesto

*200 g Bärlauch*
*25 g Pinienkerne*
*25 g Parmesan*
*1 Teelöffel Salz*
*150–250 ml Olivenöl*

*Bärlauch waschen, Pinienkerne anrösten. Alles in einen Mixer oder in eine Küchenmaschine geben und zu einer sämigen Masse zerkleinern. Guten Appetit!*

# MARKT-GEFLÜSTER

... auf dem rheinischen Bauernmarkt

## #10

*Auf dem idyllischen Friedensplätzchen in Unterbilk schlagen lokale Erzeuger dienstags und freitags ihre Zelte auf, laden die Besucher zur Erkundung regionaler Produkte ein und locken mit ihren verführerischen Waren.*

Das Friedensplätzchen ist ein Ort der Idylle, an dem jeder ein wenig nach versteckten Schätzen suchen kann.

Honig, Kräuter, Blumen und Köstlichkeiten, so weit das Auge reicht. Hinter den vielen Ständen strahlen freundliche Gesichter und Produzenten, die sich mit ihren Waren richtig gut auskennen.

Auf dem Friedensplatz in Unterbilk findet seit 2004 der rheinische Bauernmarkt statt. Eine echte Institution, die von Jung und Alt besucht wird. In einer familiären und fast schon dörflichen Atmosphäre kann hier nach Lust und Laune geshoppt und geschlemmt werden.

Dabei stehen die vielen Bauern, die sich zu einem Verein zusammengeschlossen haben, jedem Besucher Rede und Antwort. Schließlich möchte man ja auch wissen, woher die Produkte genau kommen. Das Angebot wechselt ständig und Saisonalität ist hier DAS Thema! Vom Spargel bis hin zum Kürbis, jede Jahreszeit bringt ihre eigene Spezialität mit sich.

Die Eier kommen von Freilandhühnern, die Blumen sind frisch geschnitten, der Kohl lag am Vortag noch auf dem Feld und der Käse kommt von rheinischen Käsereien. Perfekt, um sich einen kleinen Picknickkorb zusammenzustel-

---

**Hin & weg:** Tram 707 Richtung Medienhafen bis Kronprinzenstraße.

**Beste Zeit:** Der Markt ist ab Januar bis kurz vor Weihnachten immer dienstags und freitags geöffnet. Genaue Zeiten stehen auf der Website (www.bauernmarkt.netzwerkagrarbuero.de).

**Dauer:** So lange, wie man auf einem Markt braucht.

**Ausrüstung:** Hunger und Lust darauf, neue Köstlichkeiten zu entdecken.

---

Farbenfrohe Blütenpracht hellt jede Stimmung auf – bei der Auswahl auf dem Markt kann man nur träumen.

len und eine der vielen Eskapaden in Düsseldorf zu unternehmen! Und auch der oder die Liebste freut sich über einen schönen Strauß Blumen oder ein Mitbringsel vom Markt!

Auf dem Markt ist immer was los! So kann es auch mal sein, dass bekannte Fernsehköche an einem Markttag auf dem Friedensplätzchen ihre Show-Küche aufbauen und loskochen. Auch Marktgeburtstage oder Events wie das Erntedankfest und Nikolaus werden hier regelrecht zelebriert.

**FAZIT: BACK TO THE ROOTS! WER ERFAHREN MÖCHTE, WOHER DIE LEBENSMITTEL KOMMEN, UND AUCH GERNE REGIONAL EINKAUFT, IST HIER RICHTIG.**

Der rheinische Bauernmarkt findet auch in anderen Stadtteilen in Düsseldorf sowie in Krefeld und in Neukirchen-Vluyn statt und ist auch in der Umgebung einen Abstecher wert.

# ZWISCHEN TAG UND NACHT

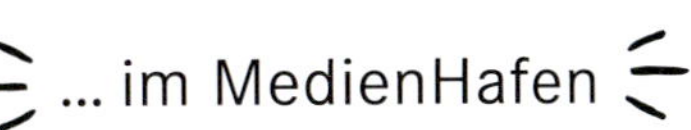

… im MedienHafen

## #11

*Der Sonnenuntergang im MedienHafen ist magisch! Damit es noch schöner wird, wartet man am besten bis zur blauen Stunde. Dann wird es zwischen den Häusern besonders geheimnisvoll. Kamera nicht vergessen!*

#blaueStunde #Kameraraus #Sonnenuntergang #Fassadenliebe

Nicht nur Architekturfans kommen hier im MedienHafen auf ihre Kosten.

Der Düsseldorfer MedienHafen hat als ehemaliger Rheinhafen einen gewaltigen Wandel hinter sich gebracht. Wo einst Rheinschiffe anlegten, sind nun Unternehmen aus dem Bereich Medien und Kommunikation, Mode und Architektur sowie Kunst und Kultur vertreten. Das spiegelt auch den Zeitgeist wider, der hier herrscht – hip und cool!

Fotomotive findet man im MedienHafen zuhauf. An jeder Ecke haben sich hier internationale Architekturgrößen ausgelebt. Die

Hier trifft man sich mit Freunden, genießt die lauschige Szenerie, geht in einem der vielen Restaurants essen und flaniert durch den hippen Hafen.

Gehry-Bauten sind dabei seit 1999 ein Highlight. Zahlreiche Architektur-Fans pilgern zu den kippenden Wänden und schiefen Türmen.

Gegenüber den Gehry-Bauten steht das Hotel Hyatt Regency, das mit seiner Herz-Installation ein Spot ist, der in den Instagram Account muss. Auch die Brücke, die hinüber auf die andere Seite führt, hält jede Menge Details parat. Auf den Baustein-Lampen findet man viele Sprüche und Sticker. Hinter dem Hotel ist zudem die stylishe Pebble's Bar ansässig, die mit ihrer Form eines silbrigen Raumschiffes im Sonnenuntergang glänzt.

Pause macht man hier stilecht wie die Düsseldorfer am Wasser mit einem leckeren Eis vom Eiscafé Zollhof, das eines der besten in der Landeshauptstadt sein soll. Yummy!

Schlendert man vorbei am Rheinturm auf die kleine Landzunge, hat man einen fantastischen Überblick über den gesamten Hafen. Im Frühjahr blühen hier einige Kirschbäume in sanftem pastelligen Rosa, und auf der Wiese vor dem Rhein kuscheln viele Pärchen im lauschigen Zwielicht auf ihren Decken.

Die Aussicht auf den Rhein ist nicht zu verachten. Wenn es endgültig Nacht wird, ändert sich die Stimmung nochmal komplett und einer zweiten Foto-Runde durch den Medienhafen steht nichts im Wege. Wer Lust hat, ein weiteres Mal die Perspektive zu wechseln, kehrt zurück auf die Brücke im Medienhafen oder startet einen Spaziergang in die Altstadt.

**FAZIT: DER SONNENUNTERGANG UND DIE BLAUE STUNDE KANN MAN KAUM BESSER ERLEBEN! DER MEDIENHAFEN IST DER BESTE UND RUHIGSTE SPOT.**

---

Hin & weg: Tram 707 Richtung Lausward bis Erftstraße/Grand Bateau oder zu Fuß 40 Min. vom Hbf.

Beste Zeit: Ganzjährig machbar.

Dauer: Ein 2-stündiger lockerer Spaziergang oder länger kombiniert mit Eskapade #14.

Ausrüstung: Smartphone!

---

→ ABSTECHER …

# URBAN JUNGLE

… im botanischen Garten auf dem Uni-Gelände

## #12

*Oh, là, là … gleich acht Hektar sind auf dem Universitätsgelände Heimat für außergewöhnliche und schöne Pflanzen. Der botanische Garten ist nicht nur ein Rückzugsort für die Mitarbeiter, sondern auch ein Raum für botanische Erkundungen für jedermann.*

#dieschönstenPflanzen #Bienensummen #fotogeneGewächshäuser

Einfach mal abschalten und die exotische Natur genießen, das geht im botanischen Garten.

Schon von Weitem sieht man, was der botanische Garten in Düsseldorf zu bieten hat. Das Wahrzeichen hier ist das große Kuppelgewächshaus, das die Besucher gleich nach dem Haupteingang begrüßt.

Im Inneren der Glaskonstruktion wächst auf 1000 Quadratmetern ein kunterbunter Mix aus Pflanzen vom Mittelmeer und von den Kanarischen Inseln.

Vom Haupteingang links schlängelt sich ein schmaler Weg zu zwei weiteren Gewächshäusern, die für jeden Besucher geöffnet sind. Das flachere Haus beherbergt Pflanzen aus Südafrika und das hohe dient als Orangerie.

Ein Rundgang, der alle Bereiche des botanischen Gartens abdeckt, umfasst 1,5 Kilometer und beginnt am Kuppelgewächshaus. Hinweistafeln zum Rundweg sind auf dem ganzen Gelände verteilt.

Auf dem großzügigen, leicht hügeligen Gelände links vom Kuppelgewächshaus befindet sich eine schöne Ebene mit verschiedenen Bereichen, die vergessen lassen, dass es sich um einen botanischen Garten handelt. Auf breiten Gehwegen spaziert man hier – fernab von Autolärm – durch Moor- und Heidelandschaften vorbei am Gewässer mit quakenden Fröschen zu den Pflanzen aus Mitteleuropa.

Durch den bewaldeten Kaukasus kommt man schnell zur blühend-duftenden Blumenwiese, in der sich die Bienen des botanischen Gartens besonders wohlfühlen. Tipp: Bei der regelmäßigen Pflanzenbörse im Garten bietet ein Imker seinen Honig aus dem botanischen Garten an.

Weiter geht es immer der Nase nach! Ein kleiner Abstecher durch das Land der Mitte und Nord-Amerika lockt den Besucher in den

---

**Hin & weg:** U79 oder U73 bis zur Endstation Uni Ost/Botanischer Garten, von da aus 6 Min. zu Fuß.

**Beste Zeit:** Nach dem Winter, wenn die Pflanzen die Blüte beginnen, im Sommer und im Herbst (www.botanischergarten.hhu.de).

**Dauer:** 2 Std.

**Ausrüstung:** Essen und Getränke, im Sommer einen Sonnenschutz.

---

Sicher findet hier jeder seine neue Lieblingsplanze, auch wenn die Entscheidung manchmal schwer ist.

verwunschenen Apotheker-Garten mit seinen Heilpflanzen, die nach Wirkstoffen sortiert angepflanzt sind. Das Highlight am Ende des Rundweges ist der wunderschöne Bauerngarten mit seiner romantischen Bank, die einen freien Blick auf die bunten Pflanzen ermöglicht – Zeit zu rasten.

Tipp: Wer mehr erfahren möchte und noch tiefer in die Materie eintauchen will, besucht sonntagnachmittags eine der jahreszeitbezogenen botanischen Führungen.

**FAZIT: WER BRAUCHT SCHON AUSGEFALLENE ORTE, WENN DIE WELT DIREKT VOR DEN FÜßEN LIEGT? DER BOTANISCHE GARTEN IST EINE DOSIS EXOTIK IN DER GROßSTADT!**

# RESIDENZ IM GRÜNEN

 … Flanieren im Schlosspark Benrath 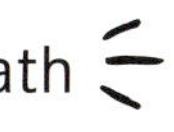

## #13

*Lust auf ein bisschen Romantik in der Großstadt? Zwölf Kilometer von der Innenstadt entfernt liegt das Schloss Benrath mit seinem Garten, in dem man viele blumige, künstlerische und grüne Schätze finden kann.*

#perfektesIdyll #Wasserschloss #beliebtesterParkinNRW #Gartenkunst

Wenn es windstill ist, macht der Spiegelweiher seinem Namen alle Ehre und lässt die Natur doppelt wirken.

Wie ein Gemälde ist der Schlossgarten vom Schloss Benrath angelegt. Ganz nach altem Vorbild. Die Vorderseite wird durch den Schlossweiher dominiert. Dahinter liegt märchenhaft pastellig-rosa das Schloss selbst.

Oh du schönes Rokoko! Das ehemalige Lust- und Jagdschloss hat seinen einstigen Glanz in keinster Weise verloren. Schreitet man am Schloss vorbei durch die Eingänge an den Torhäusern, zeigt sich dem Betrachter eine üppige Idylle. Links vom Schloss liegt die Obstbaumwiese, auf der anderen Seite der romantische Schillergarten.

Richtet man den Blick nach vorne, erspäht man mit großer Wahrscheinlichkeit schon von Weitem einen oder mehrere Schwäne auf dem Spiegelweiher schwimmen. Dreht man sich nun um, kommt man aus dem Staunen nicht mehr heraus, denn das Schloss Benrath sieht von »hinten« noch schöner aus als von vorne.

Am besten macht man nun einen Schlenker nach links. Je näher man dem Küchengarten kommt, desto intensiver wird der Geruch nach frischen Kräutern (vor allem im Sommer!). Zwischen summenden Bienen kann man hier

---

**Hin & weg:** Vom Bahnhof Benrath sind es 10 Min. zu Fuß. Parken kann man am besten im Parkhaus (Paulistraße 10).

**Beste Zeit:** Zu jeder Zeit. Im Juli ist das Lichterfest mit grandiosem Feuerwerk und klassischer Musik (www.schloss-benrath.de).

**Dauer:** 2–3 schöne Std. im Schlosspark.

**Ausrüstung:** Unbedingt eine Kamera!

---

Zwischen verwunschenen Pfaden flanierend verliert man im Schlosspark Benrath oft das Zeitgefühl.

sein vielleicht eingerostetes Wissen rund um Heilkräuter wieder auffrischen und auch ein paar Lieblingskräuter mit nach Hause nehmen, denn es gibt einen kleinen Verkauf.

Kehrt man zurück zum glatten Spiegelweiher – der seinen Namen verdient –, wartet auf der anderen Seite der größte Teil des Schlossparks. Die quadratisch geplante Anlage, die von der Hauptallee erreichbar ist, versteckt kleine Schätze und Orte mit klangvollen Namen. Der Schlangenbach schlängelt sich durch das Gelände, der Aha-Graben wartet auf erstaunte Besucher, und zu guter Letzt freuen sich auch die vier anderen Weiher über einen Besuch. Die Atmosphäre hier kann man gut und gerne als majestätisch bezeichnen.

**FAZIT: EIN MUSS FÜR FREUNDE DER GEPFLEGTEN GARTENKULTUR UND AUCH FÜR DIE, DIE ES NOCH WERDEN WOLLEN!**

# FOTOTOUR BEI NACHT

## … von der Tonhalle zum MedienHafen

**#14**

*Auch bei Nacht lohnt es sich, die Stadt zu erkunden. Wenn es dunkel wird, spiegelt sich ein Lichtermeer auf dem Rhein, die quirligen Kasematten am Ufer erwachen zum Leben und viele Gebäude in der Altstadt verwandeln sich in nächtliche Fotospots.*

#wenndieSonneuntergeht #leuchtendeWahrzeichen #soschönblau

Gewusst wie: Die vertikalen Punkte auf dem Rheinturm zeigen die Uhrzeit an. Nicht einfach zu lesen, aber immerhin die größte dezimale Zeitskala der Welt.

Wenn die Sonne so langsam hinter dem Horizont verschwindet, wird die Landeshauptstadt in ein ganz mystisches und einmaliges Licht getaucht. Die markanten Brücken leuchten, der Rhein reflektiert die bunten Lichter und viele Wahrzeichen werden angestrahlt.

Dieser nächtliche Stadtspaziergang dauert ca. zwei bis drei Stunden, je nachdem, wie lange man bei den Fotostopps verweilt. Perfekt also, um zum Sonnenuntergang zu starten.

Die erste Station auf der Tour ist das Tonhallenufer mit der wunderschönen gleichnamigen Tonhalle. Nördlich gelegen von der Düsseldorfer Altstadt ist dieses kuppelförmige Konzerthaus mit seiner schönen Fassade und Wasserspielen ein idealer Fotospot. Weiter geht's Richtung Altstadt entlang des Rheins. Von hier aus hat man einen fantastischen Blick auf die Oberkasseler Brücke. Vielleicht fährt auch das ein oder andere Schiff vorbei und ist als Statist für die Bilder behilflich.

Nimmt man vom Altstadtufer die Treppen hinauf in Richtung Burgplatz, hat man einen schönen Panoramablick und kann den letzten Teil des 1882 abgebrannten Stadtschlosses

---

**Hin & weg:** Zum Startpunkt an der Tonhalle mit der U74, U75, U76 oder U77, das Ende der Tour ist der MedienHafen; von hier fährt die Tram 707 von der Franziusstraße.

**Beste Zeit:** Die Tour ist das ganze Jahr über machbar.

**Dauer & Strecke:** Ca. 4 km, mit Fotostopps ungefähr 2–3 Std.

**Ausrüstung:** Kamera, eventuell auch Stativ.

---

Keine Angst vor der Dunkelheit, denn wenn die Sonne untergegangen ist, erstrahlen die Lichter in der Landeshauptstadt noch schöner und intensiver.

ablichten. Im Schlossturm ist jetzt ein Schifffahrtsmuseum untergebracht. Wer noch kein Abendessen hatte: Einen guten Burger (auch to go) gibt es in der Ratinger Straße bei Food Brother (www.foodbrother.com).

Der Spaziergang führt wieder hinunter zum Altstadtufer. Mit einem Blick nach links entdeckt man den (kaum zu übersehenden) Rheinturm mit seiner dezimalen Zeitskala, die im Dunkeln noch besser erkennbar ist. Auch die Rheinkniebrücke wird abends schön angestrahlt. Am Ufer kann man gut verweilen, sich einen Platz in einem der zahlreichen Restaurants und Cafés an den Kasematten suchen und ein gepflegtes Altbier trinken.

Nach einer erfrischenden Stärkung geht es vorbei an Rheinturm, Landtag und den WDR-Studios in Richtung MedienHafen, der auch im Dunkeln eine gute Figur macht.

Die Brücke im MedienHafen ist nachts kunstvoll beleuchtet, und auch die anderen modernen Gebäude reflektiert das Wasser des Rheins sehr eindrucksvoll. Wer mit einer Kamera fotografiert und sich besser auskennt, sollte hier unbedingt Langzeitbelichtungen machen. Es lohnt sich!

**FAZIT: EIN KOMPLETT NEUER BLICKWINKEL BEI NACHT. WENN ES DUNKEL WIRD, VERWANDELT SICH DIE DÜSSELDORFER SKYLINE IN EIN MEER AUS LICHTERN.**

Rhein
15
Rheinradweg

→ ABSTECHER ...

# AUF DEM DRAHTESEL

... den Düsseldorfer Rhein entlang

*Auf das Fahrrad, fertig, los! Diese entspannte Eskapade widmet sich der Lebensader von Düsseldorf. Entlang des Rheins lässt es sich wunderbar Fahrrad fahren, und mit kleinen Stopps wird diese Tour zu einem Highlight.*

#RheinRadweg #Brückengucken #Altstadtflair #Strandatmosphäre

Ab aufs Rad und raus an die frische Luft. Der Rheinradweg ist perfekt für einen aktiven Tag.

Der Weg am Rhein entlang ist ein Teil des 1500 Kilometer langen Rheinradwegs, der von den Schweizer Alpen bis hin zur Nordsee verläuft. Auf einer Strecke von knapp zehn Kilometern und ohne Höhenunterschied kann man den Vater Rhein, wie ihn die Düsseldorfer auch nennen, entspannt erkunden.

Der Startpunkt ist die Fleher Brücke im gleichnamigen Stadtteil, die elegant den Rhein überquert. Die Schrägseilbrücke ist ein äußerst beliebtes Fotomotiv und nur eine der vier Brücken, die man auf dem Weg in die Düsseldorfer Altstadt passiert.

Der ebenerdige Radweg führt, mit Blick auf den Rhein auf der linken Seite, durch den Stadtteil Volmerswerth, der durch seine breiten grünen Rheinwiesen dazu einlädt, das Fahrrad kurz abzustellen und den Blick auf die Stadt Neuss auf der anderen Seite zu genießen.

Die Kardinal-Frings- oder auch Südbrücke markiert den nächsten Stopp dieser Eskapade. Denn der kleine Strand am Rhein ist perfekt, um eine kurze (oder auch längere) Pause einzulegen. Der Strand in Hamm ist ein waschechter Geheimtipp, denn hier ist es meist nicht so überlaufen.

Weiter geht's an den Rheinschleifen entlang. Hier passiert man die Hammer Eisenbahnbrücke bei Rhein-Kilometer 738 und ist im Hafen von Düsseldorf angelangt. Der am dünnsten besiedelte Stadtteil von Düsseldorf ist geprägt durch Industrie, Logistik und Gewerbe. Doch auch hier ist es überraschend grün! Im Norden vom Hafen liegt der erste öffentliche Golfplatz Deutschlands, der auch mit einem kleinen Spaziergang erkundet werden kann.

Auf dem weiteren Weg erreicht man nach zwei Kilometern den Düsseldorfer Landtag. Dieser befindet sich direkt am Fuß des Rheinturms, sodass das Gebäude auch eindrucksvoll aus 168 Metern Höhe begutachtet werden kann.

---

**Hin & weg:** U72 bis Krahkampweg (vor 6 Uhr und ab 9 Uhr ist die Fahrrad-Mitnahme kostenfrei), von da aus ca. 1 km bis zur Fleher Brücke.

**Beste Zeit:** Ab Frühjahr, wenn es wärmer wird.

**Dauer & Strecke:** Ca. 11 km, mit Pausen ungefähr 3 Std.

**Ausrüstung:** Eventuell ein wenig Proviant und natürlich ein Fahrrad.

---

Wer auf dem Rheinradweg unterwegs ist, wird schnell außergewöhnliche Fotomotive entdecken.

Mit Blick nach rechts sieht man den Medien-Hafen mit den extravaganten Design-Häusern. Wer diesen besichtigen möchte und Lust hat, diese Eskapade zu verlängern, kann nun Eskapade #11 einschieben.

Der letzte Kilometer zur Düsseldorfer Altstadt führt an der belebten Rheinuferpromenade vorbei. Am Burgplatz angekommen, kann man das Fahrrad abstellen und einen erfrischenden Abschluss in einem der vielen Brauhäuser – stilecht mit einem Altbier – zelebrieren.

**FAZIT: WER WASSER, BRÜCKEN UND DAS FAHRRADFAHREN MAG, WIRD DIESE ESKAPADE LIEBEN. DER BLICKWINKEL ÄNDERT SICH STÄNDIG. ENTSPANNUNG PUR!**

von

# GÄRTNERN IN DER CITY

... im Gemeinschaftsgarten düsselgrün

## #16

*Urban Gardening liegt voll im Trend! Zwischen Wohnhäusern befindet sich im Stadtteil Oberbilk eine grün-bunte Oase, in der jeder mit anpacken kann. Die Bienen summen und der Duft von exotischen Kräutern liegt in der Luft.*

#growyourownfood #mitanpacken #Upcycling #grünerDaumen

An die Schuppe, fertig, los! Hier im Gemeischaftsgarten ist Mitmachen angesagt, nebenbei lernt man auch viel über Pflanzen und die Umwelt.

In der Großstadt kommen nicht viele in den Genuss, einen eigenen Garten zu haben. Gut, dass es solche Projekte wie das Urban Gardening gibt. In dem Gemeinschaftsgarten düsselgrün kann der Hobby-Gärtner seinen grünen Daumen so richtig ausleben.

Das kleine quietschende Gartentor zum Urban-Gardening-Projekt steht immer offen, Hunde müssen aber draußen warten. Im Garten kann man gut verweilen, gerne auch mal eine Gießkanne in die Hand nehmen und darüber staunen, was auf einem so kleinen Areal alles wachsen kann.

Üppige Beerensträucher sprießen hier gemischt mit frischem Gemüse in den Do-It-Yourself-Beeten, und an jeder Ecke erspäht man Upcycling-Projekte. Jedes Mitglied des Vereins hat sich hier auf die ein oder andere Weise verewigt und seinen (ökologischen) Handabdruck hinterlassen.

Regelmäßig finden im Gemeinschaftsgarten von düsselgrün Veranstaltungen statt, dazu zählt eine wöchentliche Yoga-Session, die immer bei gutem Wetter unter freiem Himmel und an der frischen Luft stattfindet. Auch ein Picknick kann gerne in den Garten mitgebracht werden, zwischen den Pflanzen gibt es das ein oder andere lauschige Plätzchen.

Das Projekt düsselgrün kooperiert unter anderem auch mit den örtlichen Imkern, und die Bienenstöcke, die hier stehen, tragen natürlich zu einer noch schöneren Flora und Fauna

---

**Hin & weg:** 10 Min. zu Fuß vom Düsseldorfer Hauptbahnhof.

**Beste Zeit:** Den Gemeinschaftsgarten kann man das ganze Jahr über besuchen. Am schönsten ist es aber, wenn die Pflanzen blühen. Infos zu Veranstaltungen gibt es auf der Website unter www.duesselgruen.de

**Dauer:** 1 Std., mit kleinem Picknick länger.

**Ausrüstung:** Kleidung, die auch mal dreckig werden kann.

---

bei. Zwischendurch wird das Imkern auch in Workshops erklärt und man kann noch tiefer in die klimagerechte Gartenkultur eintauchen. Ziel ist es, die Gemeinschaft zu stärken, viele neue Pflanzen und die Vorzüge von selbst angebautem Gemüse kennenzulernen. Jeden Sonntag wird bei düsselgrün geerntet und gegärtnert, dann kann jeder mitnehmen, was er möchte, benötigt und vor allem auch verbraucht. Der gemeinnützige Sinn steht immer im Vordergrund.

**FAZIT: BEIM URBAN GARDENING KANN MAN SICH ALTES WISSEN ANEIGNEN UND VIELE NEUE REGIONALE UND SAISONALE PRODUKTE KENNENLERNEN.**

→ ABSTECHER ...

# HEY HEINE!

... Spaziergang durch Altstadt und Carlstadt

## #17

*Kaum eine Persönlichkeit hat so ihre Spuren in Düsseldorf hinterlassen wie Heinrich Heine. Bei einem Spaziergang in der Altstadt kann man sich auch heute noch fühlen wie einst der Dichter – also los!*

#HarryHeine #DichterundDenker #literarischeSpuren #Zeitreise

Im Hinterhaus des Heine Hauses in der Bolkerstraße 53 wurde am 13. Dezember 1797 Heinrich Heine geboren, der bedeutendste Sohn der Stadt Düsseldorf. Das Geburtshaus selbst brannte allerdings 1942 ab, im Vorderhaus befindet sich heute eine Buchhandlung. Im Gedenken an den Dichter steht hier auch immer noch eine Büste Heines.

Der Startpunkt der Eskapade ist natürlich sein Geburtshaus, und nach einer Stärkung in der Hausbrauerei Zum Schlüssel (www.zumschluessel.de) startet man gut genährt mit Düsseldorfer Gerichten zu einem gemütlichen Gang durch die Stadt.

Der zweite Stopp ist die Mertensgasse, wo Heine auf dem Dachboden des Hauses seines Onkels Simon van Geldern zwischen staubigem Gerümpel in alten Büchern stöberte. Nicht weit davon entfernt ist das Jan-Wellem-Denkmal auf dem Marktplatz. Dieses hat Heine erklettert und von dort die Ratsherren beobachtet, die nach dem Einzug der Franzosen 1806 auf einmal »neue Gesichter angezogen« hatten.

Im noch heute bestehenden Franziskanerkloster an der Citadellstraße/Ecke Schulstraße war das Lyzeum, das Harry (so lautete sein Name, ehe er sich christlich taufen ließ) von

---

**Hin & weg:** Start und Ziel mit der U-Bahn bis Heinrich-Heine-Allee (wie passend!)

**Beste Zeit:** Zu jeder Jahreszeit schön.

**Dauer & Strecke :** Etwa 2 Std. mit anschließendem Spaziergang im Hofgarten und insgesamt 4–5 km.

**Ausrüstung:** Dichterisches Denken.

---

Auch wenn die Düsseldorfer Innenstadt vor allem Shoppingverrückte anlockt, findet man rund um die Altstadt viel Kultur und historische Ecken. Der Heine-Spaziergang ist perfekt für Literaturliebhaber.

1807 bis 1814 besuchte. Kurz darauf verließ Heine Düsseldorf und studierte in Deutschland an verschiedenen Universitäten.

Läuft man nun weiter Richtung Schwanenmarkt, kommt man am Heine-Museum (www.duesseldorf.de/heineinstitut) vorbei. Auf dem kleinen idyllischen Schwanenmarkt ist dem Dichter auch ein Denkmal gesetzt worden.

Der Spaziergang auf den Spuren Heines endet auf Harrys liebstem Spielplatz. Der Hofgarten hat damals wie auch heute viele grün-liebende Seelen fasziniert. Heine suchte hier einst Vogelnester und Käfer, schnitzte den Namen seiner kleinen Freundin Veronika in eine Bank und beobachtete 1811 den Einzug des Kaisers Napoleon. Und genau wie damals kann man hier auch heute noch ein Stück Düsseldorfer Naherholung genießen.

**FAZIT: SICH EINFACH MAL FÜHLEN WIE EIN JUNGER DICHTER? AUF DEM SPAZIERGANG ERFÄHRT MAN VIEL ÜBER DAS LITERARISCHE GENIE.**

AUSSICHTSTURM

# Drei-Seen-Hopping

… am Unterbacher See, Elbsee und Menzelsee

## #18

*Vergessen ist der Großstadttrubel! Glitzerndes Wasser, dahinter lichter, ruhiger Wald. Hier an den drei Seen – Unterbacher See, Elbsee und Menzelsee – kann man ein paar schöne Stunden verbringen. Wer baden möchte, packt die Badesachen ein.*

Gleich drei Seen warten hier auf den Besucher, der sich voll und ganz auf die Natur einlassen kann.

Im Südosten von Düsseldorf, direkt an der Stadtgrenze zu Hilden, befinden sich die drei schönsten Seen in der Region. Ob mit dem Rad oder zu Fuß, diese Eskapade ist auf zwei Arten erlebbar.

Der Startpunkt für diese sommerliche Eskapade in der Landeshauptstadt ist der kleine, aber feine Menzelsee. Viele Fischer schlagen hier ganz früh oder in der Nacht ihre Lager an den Ufern auf, um im artenreichen See Aal, Hecht, Karpfen, Regenbogenforelle, Rotauge, Schleie und Zander zu angeln. Nach gut 200 Metern ist auch schon der nächste See in Sicht.

Auf dem Weg zwischen Menzelsee und Elbsee hat man auf dem Aussichtsturm einen schönen Blick auf beide Seen und das komplette Naturschutzgebiet. Der Elbsee ist 89 Hektar groß und viele Uferabschnitte sind nicht begehbar. Das hat einen guten Grund! Große Teile des Elbsees gehören zum Naturschutzgebiet Dreiecksweiher.

Am Elbsee hat sich eine stattliche Reiherkolonie angesiedelt, und von speziell angelegten Aussichtspunkten können Besucher Haubentaucher, Blässhühner, Graugänse oder eine imposante Graureiherkolonie mit bis zu 20 Brutpaaren beobachten.

Folgt man dem Rundweg um den See, kommt man an einem Aussichtspunkt mit tollem Blick über den See vorbei, 500 Meter weiter bringt uns eine Unterführung unter der Autobahn zum dritten See dieser Eskapade. Das Strandbad Süd befindet sich nur wenige Meter jenseits der Autobahn und lädt sonnenhungrige Wanderer und Radfahrer zum Entspannen ein.

Wer einkehren möchte, muss noch knapp einen Kilometer durchhalten. Im Restaurant

---

**Hin & weg:** Mit der Linie 03 vom Bahnhof Hilden bis Schalbruch (600 m Fußweg) oder parken am Parkplatz Schalbruch am Elbsee.

**Beste Zeit:** Juni bis Ende August, im Sommer kann man hier gut schwimmen.

**Dauer & Strecke:** 14 km, die entweder mit dem Fahrrad (1 Std.) oder auch zu Fuß (3 Std.) zurückgelegt werden können.

**Ausrüstung:** Wer im Strandbad baden möchte, sollte Badesachen und ein Handtuch mitbringen.

---

Se[h]restaurant am Bootshafen (www.seh-restaurant.de) gibt es ein spätes Frühstück und sehr leckere italienische Pastagerichte.

Der weitere Weg führt vorbei am zweiten Strandbad am Unterbacher See. Der Nordstrand ist genauso beliebt wie der Südstrand auf der anderen Seite. Hat man den Unterbacher See umrundet, verläuft der Weg weiter durch das idyllische Naturschutzgebiet vorbei am Elbsee (unbedingt Ausschau nach Vögeln halten) wieder zurück zum Startpunkt. Bei der Umrundung von Elbsee und Unterbacher See findet man an elf verschiedenen Stationen des sogenannten WasserWegs zudem viele Geschichten zum See. Scannt man die QR-Codes auf den Tafeln, kann man interaktiv viel über die Region lernen.

**FAZIT: PACK DIE BADEHOSE EIN! DIESEN SPAZIERGANG KANN MAN – AUCH ALS RADTOUR – PERFEKT MIT EINEM BESUCH IM STRANDBAD KOMBINIEREN.**

# IDYLLE AUS FERNOST

## … Gedankenmeditation im japanischen Garten

**#19**

*Gleich elf verschiedene Elemente der einzigartigen Kunst des japanischen Gartenbaus verstecken sich im Düsseldorfer Nordpark. Besonders im Herbst, wenn Kiefern und Fächerahorn ihr prächtigstes Kleid angezogen haben, ist ein Besuch wie ein erfrischend besinnlicher Kurzurlaub.*

#bunteBlätter #wasfürsAuge #innehalten

Kaum zu glauben, aber alle Bäume im japanischen Garten haben einen eigenen Namen. Der »Baum, der die Strahlen der untergehenden Sonne filtert«, spiegelt diese Kultur besonders gut wider. Und irgendwie ist diese Eskapade auch perfekt für den Sonnenuntergang.

Der Nordpark ist einer der beliebtesten Parks in ganz Düsseldorf, nur einen Steinwurf vom Rhein entfernt und mit wunderbaren Wasserspielen und Blumenflächen ausgestattet. In der hintersten, aber auch ruhigsten Ecke befindet sich der 5000 Quadratmeter große Garten, der die Düsseldorfer seit 1975 in den Bann zieht.

Zur Besinnung kommen und innehalten, das geht hier ganz besonders gut. Der plätschernde Wasserfall mit den bunten Farbkarpfen aus dem Tempel Nara und die raschelnden Ahornbäume befördern einen schnurstracks in entspannte Sphären. Jeder Grashalm, jeder Ast und jeder Stein sind perfekt in eine Einheit gebracht.

Also einfach mal die Augen schließen, tief einatmen und sich der Umgebung bewusst werden. Das geht hier wie von Geisterhand. Nicht umsonst ist der Wasserfall im japanischen Gartenbau ein Symbol für Erleuchtung.

---

Hin & weg: U78, U79, Buslinie 722 bis Kaiserswerther Straße/Aquazoo.

Beste Zeit: Im Herbst, wenn die Blätter ihr schönstes Orange zeigen, oder im Frühjahr, wenn alles blüht und summt.

Dauer: Eine besinnliche Weile.

Ausrüstung: Nichts außer den eigenen Gedanken (zum Ordnen und Loslassen).

---

Spätestens nach dem Besuch im beruhigenden japanischen Garten an der wuseligen Messe möchte sich der Besucher mit der faszinierenden Kunst des Gartenbaus aus Fernost beschäftigen.

Zwischen Steinlaternen, der Wasserstelle, den Hügeln und pittoresken Bäumen fühlen sich die eigenen Gedanken ganz leicht an. Vergessen ist der Trubel des benachbarten Messegeländes. Also nicht einfach nur durchhasten, sondern genießen!

Die Gartenbaukunst aus Japan ist legendär und kann nur von ausgebildeten Experten ausgeführt werden. Nach strengen und bizarren Regeln, die wir wahrscheinlich nicht verstehen. Hach ja, Düsseldorf und Japan haben eine ganz besondere Verbindung, die hier sehr geschätzt wird. Die große japanische Kultur hat schlussendlich zu einem netten Beinamen geführt, denn von vielen wird die Stadt auch liebevoll »Japans Hauptstadt am Rhein« genannt.

**FAZIT: EIN ORT ZUM ABSCHALTEN, EINE KLEINE KRAFTOASE UND EIN RUHEPOL IN DER METROPOLE. DER BESUCH IM JAPANISCHEN GARTEN LÄDT DIE AKKUS WIEDER AUF.**

Moritz Müller junior
geboren den 3. July 1842
gestorben den 2. Sept. 1867.
Ich habe dich je und
je geliebt, darum habe
Ich dich zu mir gezogen
aus lauter Güte.
Jeremias 31.9.

→ ABSTECHER …

# IN GRABES-RUHE GRÜBELN

… Spaziergang über den Golzheimer Friedhof

*Wenn sich die Blätter langsam orange färben und eine diesige Stimmung herrscht, dann ist es Zeit für außergewöhnliche Ausflüge. Und der Golzheimer Friedhof, der sich idyllisch in den Trubel am Düsseldorfer Rhein einfügt, ist ein mystisches, kurzweiliges Ziel.*

#vergangeneJahre #grüneStadt #steinerneZeitzeugen

Der Golzheimer Friedhof ist ein Ort, an dem man sich seiner Vergänglichkeit wieder bewusst wird. Zu jeder Jahreszeit kleiden sich die prachtvollen und uralten Bäume in ein anderes farbenfrohes Gewand.

Liest man die Inschriften und Namen auf den vielen verwitterten, aber erstaunlich gut erhaltenen und denkmalgeschützten Grabsteinen auf dem Golzheimer Friedhof, dann weiß man, dass sich hier quasi die Crème de la Crème der Düsseldorfer Gesellschaft zur Ruhe gelegt hat.

Heute ist der Golzheimer Friedhof nicht nur ein Ort für die Toten. Begräbnisse gibt es längst nicht mehr. Hier werfen Hundebesitzer Frisbees, verliebte Paare kuscheln auf den Bänken und eilige Geschäftsmänner und -frauen huschen an den Gräbern vorbei.

Und in diesen Momenten ist der Friedhof genauso lebendig wie einst die Verstorbenen. Beschäftigt man sich ein wenig mit der Geschichte, dann werden die einstigen Dimensionen des Friedhofs spürbar. 20 000 Grabmäler waren es einst. 350 sind übrig geblieben. Bis zum knapp 100 Meter entfernten Rhein wurden hier damals Bestattungen durchgeführt. In seiner Blütezeit war der Golzheimer Friedhof ein Friedhof für jedermann, und begraben wurde man hier ungeachtet der Konfession und des Status.

Wer mag, begibt sich auf die Suche nach den kleinen Details auf den Grabmälern, eine kleine Schnitzeljagd in die Vergangenheit. Neben flatternden Schmetterlingen, exotischen Schlafmohnkapseln und erlöschenden Fackeln finden sich auf den Gräbern viele christliche Symbole wieder.

Der Golzheimer Friedhof, der zur Hälfte im Düsseldorfer Stadtteil Golzheim liegt, zur anderen in Pempelfort, ist ein Ort der Entschleunigung. Hier und da hoppelt auch mal ein Häschen vorbei oder ein Eichhörnchen füllt sich seine Backen mit Proviant. Der Friedhof ist ideal für ein kleines Picknick auf einer der Bänke oder für eine große Portion Durchatmen. Die malerische Idylle inspiriert dazu,

---

**Hin & weg:** U78, U79 bis Victoriaplatz/Klever Straße. Parken kann man am Rhein.

**Beste Zeit:** Wenn die Sonne scheint, die Blätter fallen oder wenn es neblig ist.

**Dauer:** 1–2 Std. oder so lange wie man benötigt, um in eine ganz andere Welt einzutauchen.

**Ausrüstung:** Eine Playlist mit stimmungsvoller Musik.

---

den Gedanken einfach mal freien Lauf zu lassen und sich seiner Vergänglichkeit bewusst zu werden.

Ein Tipp für alle, die noch ein wenig länger unterwegs sein möchten: Der Rhein und das Tonhallenufer sind wenige Hundert Meter entfernt. In der Loungebar Canoo (www.canoo-club.de) gibt es von Frühstück bis Abendessen und von veganer bis hin zu deftiger Küche für jeden Geschmack etwas.

**FAZIT: MITTEN IN DER STADT UND TROTZDEM IDYLLISCH. DER GOLZHEIMER FRIEDHOF ERINNERT AN VERGANGENE JAHRE UND ENTSCHLEUNIGT IM GROßSTADTDSCHUNGEL.**

# 2. KAPITEL AUSFLÜGE

#28

#22

#40

#23

RUHRPOTT-BLICKE

#29

#36

#25

#37

#38

#39

#32

#26

#35

#27

OH WIE FARBENFROH!

FACHWERK-LIEBE

#24

#30

#33

## Raus für einen Tag

*Ursprüngliche Natur, charmante Stadtansichten und verträumte Landschaften. Ob zu Fuß, auf dem Wasser oder mit dem Rad – Tagesausflüge für jeden Geschmack.*

**12H**

# MITTEN IM MITTELALTER

## #21

*Die mittelalterliche kleine Stadt Zons blickt auf eine lange und bewegende Geschichte zurück. Bereits die Römer ließen sich hier nieder, und im 14. Jahrhundert erhielt die Stadt ein Rheinzollamt. Die Spuren aus dem Mittelalter sieht man immer noch.*

Fast wie ein kleiner Freizeitpark und etwas surreal sind die vielen Fachwerkhäuser in der historischen Altstadt von Zons.

Mit dem Schritt durch die Stadtmauer macht man in Zons eine kleine Zeitreise. Die schmalen Gassen und historischen Häuser sind Denkmäler der mittelalterlichen Epoche. Bei einem Spaziergang, der außerhalb der Stadtmauern startet, erkundet man je nach Gusto zuerst das Innere der Stadtmauer vom Rheintor oder begibt sich an den Rhein. Ein Kopfsprung ins Mittelalter!

Hat man die Stadtmauer passiert, steht man unmittelbar vor dem Zollturm. Im angrenzenden Zollhaus wurden die Steuern eingenommen und verwaltet. Hier auf der Rheinstraße, die durch die östliche Stadtmauer begrenzt wird, befinden sich die kleinen Wachtürme, die von den Einheimischen auch Pfefferbüchsen genannt werden.

Von hier aus hat man einen fantastischen Blick auf den Rhein, und das Bild des mittelalterlichen Zons fügt sich zusammen. Übrigens stehen hier die schönsten und auch ältesten Häuser der Stadt – also Smartphone zücken!

Wandert man weiter durch die Stadt, sind einige Türme präsent: der Krötschenturm für die Kranken (krötsch heißt im rheinländischen Dialekt kränkelnd), der Juddeturm, der als Gefängnis diente, und der Mühlenturm, der ein Wahrzeichen der Stadt ist. Auch die Burg Friedestrom ist ein beeindruckender Zeitzeuge des Mittelalters.

Nach einer ausgiebigen Erkundung verlässt man die Stadt wieder durch das Rheintor in Richtung des Rheins. Die Rheinauen zeigen sich zu jeder Jahreszeit in ihrer vollen Pracht und sind perfekt geeignet, um ein wenig frische Luft zu schnappen.

Am Rhein geht die Stadt Zons in die Natur über, und wenn man sich vorstellt, dass hier die Zölle erhoben wurden, dann wird einem bewusst, was für ein Andrang hier geherrscht haben muss.

---

**Hin & weg:** Von Neuss Hbf mit dem Bus 887 nach Dormagen Nievenheim BF bis Nievenheimer Straße. Mit dem Auto parken vor der Stadtmauer an der Wiesenstraße.

**Beste Zeit:** Ganzjährig möglich, am schönsten aber im Winter, dann sind wenige Touristen unterwegs.

**Dauer & Strecke:** Ca. 8 km und 5–6 Std.

**Ausrüstung:** Im Winter warme Kleidung, Kamera oder Smartphone.

---

In der Morgen- und Abenddämmerung sind die mittelalterlichen Gebäude besonders schön! Zu diesen Zeiten verirren sich auch wenige Besucher in den hübschen Stadtkern.

Bei einem kurzen Spaziergang entlang des Rheins kehrt man auf gleichem Weg wieder in die Stadt zurück. Die Tour kann ganz nach Belieben ausgeweitet werden, denn der pittoreske Weg am Rhein entlang führt weiter bis nach Dormagen.

Spazieren gehen macht hungrig! Wer mag, kann wieder zurück in der Stadt einen kulinarischen Stopp einlegen, denn auf der Rheinstraße befinden sich viele Restaurants und Cafés, die immer noch einen mittelalterlichen Charme haben. Eines davon zum Beispiel im Rheintor in historischer Kulisse.

**FAZIT: AUF DEN SPUREN VOM MITTELALTER AM RHEIN UND IN DER HISTORISCHEN ALTSTADT. EIN HIGHLIGHT FÜR JEDEN, DER GERNE NOSTALGISCH UNTERWEGS IST.**

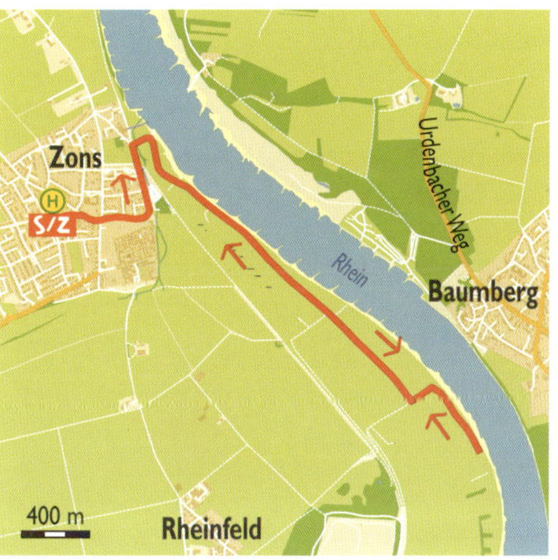

# SUNDOWNER

... auf der Halde Haniel in Bottrop

*Hoch hinaus in 15 Etappen. Diese Eskapade ist genau das Richtige für jene, die das industrielle Flair des Ruhrgebiets mit einem Feierabendgetränk von oben genießen möchten. Denn wenn der orange Ball am Horizont untergeht, ist es auf der Halde am schönsten.*

#kunstvollePfähle #SunsetStimmung #Ruhrgebietvonoben #Haldenstürmer

Blickt man am Fuße der Halde Haniel auf das Gemisch aus Schotter und Bäumen, kann man sich gar nicht vorstellen, was für ein schönes Panorama oben angekommen auf einen wartet. Die Halde liegt am Rande des Köllnischen Waldes auf 184,7 Metern über dem Meeresspiegel. Den Aufstieg startet man am besten am südlichen Fuße der Halde Haniel am kleinen Parkplatz am Kleekamp.

Die entspannte Route über den Kreuzweg ist, neben dessen klassischen Stationen, auch mit Teufkübel, Lore, Abbauhammer oder Greifer ausgeschmückt – typische Gegenstände und Werkzeuge aus dem Bergbau. Oben angekommen wartet auch schon das Gipfelkreuz, stilecht mit Bergbauelementen verziert.

Ein Wegweiser zeigt den geschwungenen Weg rauf auf die Halde, die knapp ein Drittel der Höhe des Pariser Eifelturms hat. Ganz schön stattlich und nicht überraschend die zweithöchste Berghalde im Ruhrgebiet. Erklimmen kann man diese in verschiedenen Varianten:

Oh, du schönes Ruhrgebiet! Da soll mal jemand sagen, im Pott wäre es nicht grün.

der steile Weg über Stock und Stein, ein klassischer Spaziergang über den Kreuzweg oder ein größerer Abstecher entlang der benachbarten Schöttelheide.

Zwischen den Blättern lugt auf dem Weg nach oben ein echtes Ruhrpott-Original durch das Geäst, denn unterhalb der Halde befindet sich die ehemalige Zeche Prosper Haniel, die ein schönes Fotomotiv darstellt.

Ganz oben erwartet den Besucher die überaus bunte und kreative Kunstinstallation von Agustín Ibarrola mit einer Reihe von 105 farbenfroh gestalteten und aufgestellten Bahnschwellen, die als Totems bekannt sind. Dieser lang gezogene Bogen aus Pfählen aller Farben eignet sich in der weichen Sonnenuntergangskulisse besonders gut als Fotomotiv.

Direkt daneben liegt das kleine Amphitheater, das auch BergArena genannt wird. Hier finden des Öfteren Veranstaltungen statt. Am besten sucht man sich einen Platz mit Aussicht auf der westlichen Seite, denn dort geht die Sonne unter. Am äußerst beliebten und belebten Platz auf der Wiese breitet man dann einfach seine Decke aus, öffnet ein kühles Getränk und lauscht der Natur bis zum Sonnenuntergang. Bei guten Bedingungen ist ein farbenprächtiges Schauspiel über der Ruhrpott-Kulisse garantiert.

Der Abstieg nach unten erfolgt dann idealerweise über die erkennbaren Wege, denn das Laufen auf dem grob geschotterten Serpentinenweg ohne Beleuchtung kann schnell böse enden. Wenn möglich, einfach eine Taschenlampe benutzen.

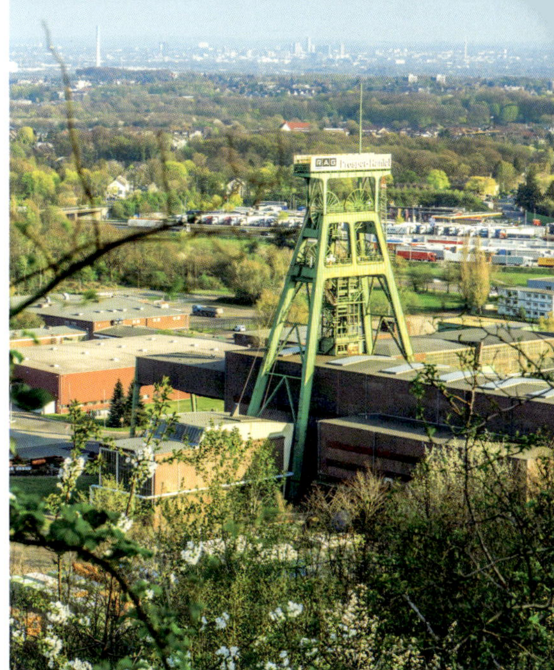

Die Totems auf der Halde geben diesem grünen Abstecher einen bunten Farbtupfer.

**FAZIT: NACH EINEM ANSTRENGENDEN AUFSTIEG AUF DIE HALDE HANIEL SCHMECKT DAS GETRÄNK GLEICH NOCH BESSER. LAUSCHIGE SUNDOWN-ATMOSPHÄRE INKLUSIVE!**

Hin & weg: Parken am Parkplatz Kleekamp. Mit dem Bus ab Oberhausen Sterkrade mit der Linie 962 bis Kleekamp.

Beste Zeit: Mai bis September. Wenn die Tage länger werden und es abends nicht mehr so kühl, ist es auf der Halde am schönsten.

Dauer: Ein lauschiger Sommerabend oder Halbtagesausflug.

Ausrüstung: Das Lieblingsgetränk, eine Picknickdecke und eine Begleitung, mit der man den Sonnenuntergang genießen kann. Plus eine Taschenlampe für den Abstieg.

# ALTES KLOSTER, NEUE WEGE

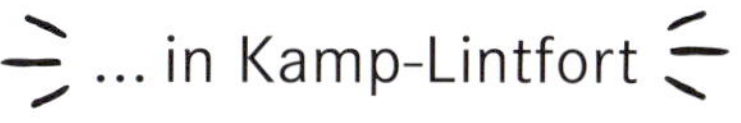


## #23

*Barockes Flair und dazu klösterliche Einkehr. Im Kloster Kamp kann man beides erfahren. Der Terrassengarten ist das Aushängeschild des kulturellen Zentrums und ein Schauspiel, das man so nicht nochmal in NRW zu sehen bekommt.*

#OrtderBesinnung #Barock #Klostergarten #Segensandacht

Diese Anlage hat schon einige Jahre auf dem Buckel. Das Kloster Kamp hat seit der Gründung im Jahr 1123 das spirituelle und kulturelle Leben am Niederrhein geprägt. Als ehemaliges Zisterzienserkloster ist das Kloster Kamp jetzt Ort der Einkehr und des Staunens, denn die vielen Gärten und auch die Zisterzienserkirche laden dazu ein, sich mit der Klosterkultur auseinanderzusetzen.

Gleich fünf ganz unterschiedliche Gärten erwarten den Besucher hier auf dem Gelände. Das Highlight ist der barocke Terrassengarten, dieser wurde im Jahr 1700 geschaffen und 1990 restauriert. Seitdem bilden Architektur, Treppen, Beete, Wege, Figuren und Wasserspiele ein wahres Gesamtkunstwerk im Garten. Neben dem Terrassengarten ist auch der Kräutergarten äußerst sehenswert, schließlich wurde dieser 2016 zu einem der »50 schönsten Gärten« gekürt! Die verwunschene Kräuteroase liegt an der Chorraum-Seite der Abteikirche und ist Heimat für duftende und blühende Würz- und Heilkräuter aller Art.

Wer sich eine Pause wünscht, kann im Klostergarten eine kleine erfrischende Auszeit einlegen. Das Besondere hier? Das Café im buchs-

---

**Hin & weg:** Kostenlos parken am großen Parkplatz am alten Klostergarten, von da aus 500 m Fußweg zum Terrassengarten.

**Beste Zeit:** Das ganze Jahr über geöffnet, aber die Gärten sind natürlich im Frühjahr und Sommer am schönsten (www.kloster-kamp.eu).

**Dauer:** 4–5 Std.

**Ausrüstung:** Meditative Stimmung und die MuseumsApp.

---

Klösterliches Leben und auch eine gewisse Stille laden hier dazu ein, sich einfach mal treiben zu lassen, den Gedanken freien Lauf zu lassen und die malerische Natur in vollen Zügen zu genießen.

baumbewachsenen Klostergarten ist ein Spenden-Café. Ganz nach alter klösterlicher Tradition der Zisterzienser kann hier jeder bezahlen, was er will und auch kann.

In der Region rund um Kamp-Lintfort wird gerne mal mit dem »Segen von Kloster Kamp« gedroht, unter anderem wenn man etwas Schlechtes gemacht hat. Das geht noch auf den Brauch des rabiaten Eintreibens der Pachtzinsen zurück. Heute gibt es auch noch einen Segen, der ist aber alles andere als negativ.

Dr. Peter Hahnen leitet das kulturelle Zentrum im Kloster Kamp und lädt einmal im Monat zu einer Segensandacht ein. Dabei sind auch die Nicht-Frommen herzlich willkommen, denn immer dreht sich die Andacht um ein aktuelles Thema. Termine dazu gibt's auf der Website.

**FAZIT: FASZINIERT VON DER GARTENARCHITEKTUR KANN MAN IM KLOSTER KAMP SCHÖNE STUNDEN VERBRINGEN.**

Wenn einen das Kloster Kamp noch neugieriger gemacht hat und man sich fragt »Gibt es solche Mönche auch heute noch irgendwo? Was machen sie?«, dann sollte ein Besuch in der Schatzkammer auf keinen Fall fehlen. Im Sinne der Digitalisierung und auch Umstrukturierung kann man, mit der MuseumsApp bewaffnet, ein kleines Quiz kombiniert mit einem Rundgang absolvieren.

Wer vom Kloster Kamp nach Kempen gerne einmal auf Probe pilgern möchte, kann von hier aus Eskapade #46 starten.

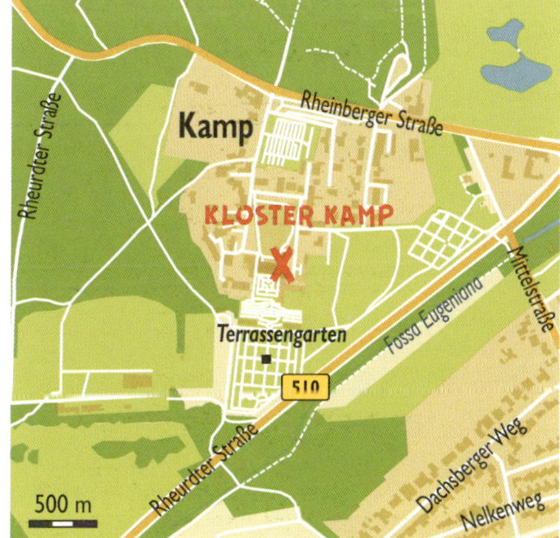

# BUNTES SCHAUSPIEL

## ... auf den Tulpenfeldern in Grevenbroich

*Es müssen nicht immer die Niederlande sein, denn wunderschöne farbenprächtige Tulpenfelder kann man auch im beschaulichen Grevenbroich am Niederrhein bestaunen. Zwischen den Feldern lässt es sich herrlich flanieren und die Farbenvielfalt genießen.*

#TulpenLiebe #Flowerpower #eineschöneralsdieandere

Tulpen, so weit das Auge reicht. Sattsehen kann man sich kaum, denn dieser Farbtupfer ist nach dem Winter mehr als willkommen. Wer mag, holt sich den Frühling nach Hause und kauft einen Strauß Tulpen.

Denkt man an Tulpen, bringt man die schönen Frühlingsboten meist mit unseren niederländischen Nachbarn in Zusammenhang. Die Wenigsten wissen, dass es auch in NRW farbenprächtige Tulpenfelder gibt, die mit denen in den Niederlanden locker mithalten können.

In Grevenbroich auf dem Paulushof dreht sich im Frühling alles um die bunten Blumen. Auf acht Hektar wächst hier ein Meer aus Millionen von Tulpen. Diese unterscheiden sich in Farbe, Form und auch Zeichnung.

Seit zwei Generationen werden in Grevenbroich schon Tulpen gezüchtet und seit jeher erfreuen sich die Bewohner an den Farbtupfern. Angefangen im April und Mai ist je nach Wetterlage mal früher oder auch später Saison und man kann auf den Feldern nur so ins Staunen kommen.

Für den Besuch auf dem Paulushof gibt es einige Spielregeln, die unbedingt eingehalten werden müssen. Das Betreten der Felder ist nicht erlaubt, schöne Fotos kann man aber auch vom Rand aus machen. Selbstverständlich sollten keine Tulpen abgeschnitten werden, denn immerhin handelt es sich hier um eine Landwirtschaft. Werden diese Spielregeln befolgt, ist jeder Besucher willkommen.

Bei einem Spaziergang durch die oft zugigen Felder (unbedingt eine Jacke mitnehmen) kann man sich gar nicht entscheiden, welche Tulpensorte einem am besten gefällt. Vielleicht die knallig orangenen Tulpen, oder doch jene mit einem sanften Farbverlauf?

Um dieses Farbenspiel weiterhin zu unterstützen, sollte jeder Besucher eine kleine Investition nicht scheuen. Die Stippvisite bei den Tulpenfeldern ist kostenfrei, an einem kleinen Bauwagen kann man allerdings schöne Exemplare kaufen und sich so zu Hause noch an der betörenden Pracht erfreuen. Perfekt auch als Mitbringsel!

**FAZIT: AUF DER SUCHE NACH DER SCHÖNSTEN TULPE KANN MAN SCHNELL DIE ZEIT VERGESSEN. GANZ SICHER FINDET HIER JEDER SEIN LIEBLINGSEXEMPLAR.**

---

**Hin & weg:** Von der Haltestelle Neuss Landestheater mit dem Bus 870 Richtung Jüchen bis Grevenbroich Heckhauser Hof. Danach sind es 15 Min. Fußweg zu den Feldern. Dort gibt es auch viele Parkplätze.

**Beste Zeit:** Die Tulpenblüte dauert saisonabhängig von April bis Mai. Am Wochenende kann es voll werden, es empfiehlt sich früh zu kommen.

**Dauer:** Zwischen den Tulpenfeldern kann man sich einen ganzen Nachmittag lang aufhalten.

**Ausrüstung:** Eine Jacke und natürlich eine Kamera für schöne Fotos.

---

# KRUPPSCHE SPUREN

## … auf der Margarethenhöhe in Essen

# #25

*Die Margarethenhöhe ist auch außerhalb von Essen nicht ganz unbekannt. Die damalige Mustersiedlung wurde von Margarete Krupp um 1900 als Paradebeispiel für eine Kombination aus Wohnen, Erholen und Arbeiten ins Leben gerufen. Auch heute sind die Wartelisten für Wohnungen noch lang!*

#Ruhrpott #Gartenstadt #ArchitekturHighlight #traumhafteStraßennamen

Wenn der Frühling in der Margarethenhöhe Einzug hält, dann blühen die Bäume besonders farbenfroh.

Jedes Jahr im Frühling verwandelt sich die Margarethenhöhe in ein farbenprächtiges Schauspiel. In der ersten Gartenstadt der Republik fühlt man sich nach Betreten sofort pudelwohl. Kein Haus gleicht dem anderen und Individualität wird hier großgeschrieben.

Was für tolle Straßennamen! Besucher wandern in der Margarethenhöhe durch Straßen, die so klangvolle Namen wie Stiller Weg, Trautes Heim, Daheim oder auch Sonnenblick tragen. Die Siedlung propagierte ein Leben im Grünen, mit Gärten zur Selbstversorgung, Parks und kleiner Industrie. Das Einfamilienhaus mit Garten wurde zum Ideal der Wohnform. Startet man an der U-Bahn-Station am Laubenweg, ist man in wenigen Minuten in der Vorstadtidylle inmitten der Großstadt. Ein wenig durch die Straßen zu streifen muss sein, denn nur so bekommt man einen Einblick in die Besonderheiten und den außergewöhnlichen Charme der Siedlung. Fotomotive findet man an jeder Ecke. Beim Rundgang durch die Siedlung fällt immer wieder die Vielfalt der Haustüren, Giebel und Fenster auf. Ein besonderes Markenzeichen der Margarethenhöhe!

---

**Hin & weg:** U17 vom Hauptbahnhof Richtung Essen Margarethenhöhe bis Haltestelle Laubenweg.

**Beste Zeit:** Im Frühjahr oder Herbst, wenn die vielen Blumen blühen oder die Bäume ihr orangenes Kleid anziehen.

**Dauer & Strecke:** 4 Std. (6–7 km) oder ein ganzer Tag mit Besuch im Grugapark (www.grugapark.de). Wer mag, besucht auch die Musterwohnung in der Stensstraße 25.

**Ausrüstung:** Was man für einen Spaziergang benötigt.

---

Die großzügige Kleinfläche Kleiner Markt ist nach dem Vorbild einer italienischen Piazza erbaut worden, und jeden Samstag und Mittwoch übernehmen Obst-, Gemüse-, Blumenhändler oder eine Fahrradreparaturwerkstatt diesen Platz, der sonst zum Parken genutzt wird. Auf dem Brunnen findet man den Spruch: »Grabt Schätze nicht mit dem Spaten, sucht sie in edlen Taten« – wie passend! Kleiner Tipp: Im Dezember findet hier ein netter Weihnachtsmarkt statt.

Durchatmen und von vergangenen Zeiten träumen – das ist bei dieser Architektur auch einfach.

Durch das Entrée und den Torbogen der Margarethenhöhe, den Brückenkopf, gelangt man auf den grünen Außenring der Siedlung. Hier wartet Industriekultur pur in idyllischer Waldlage auf den Besucher. Der Halbachhammer (www.ruhrmuseum.de), eine alte Schmiede, ist ein Kulturdenkmal und eine Außenstelle des Ruhrmuseums. Hier wird auch heute noch anschaulich vorgeführt, wie geschmiedet wird.

Hat man die Margarethenhöhe von außen umrundet, lohnt es sich, sich wieder auf Spurensuche nach den schönsten Motiven in der Siedlung zu begeben.

Hunger und Durst? Eine kleine Einkehr im Margarethe Café (Laubenweg 8) ist immer eine gute Idee. Neben verschiedenen (auch veganen) Eiskreationen gibt es leckeren italienischen Kaffee und im Herbst und Winter frische Waffeln. Lecker!

**FAZIT: SO GRÜN IST ES IM RUHRPOTT! DIE MARGARETHENHÖHE ÜBERRASCHT GARANTIERT JEDEN BESUCHER.**

# WIE IN HOLLAND

## ... in Brüggen und auf der Zwei-Seen-Runde

*Die schöne kleine Mühle in Brüggen ist eingebettet in den historischen Ortskern mit eigener Burg. Der perfekte Ausgangspunkt, um die Natur rund um die 15 000-Seelen-Stadt zu erkunden. Der Rundweg führt über den Premiumwanderweg Zwei-Seen-Runde. Ein Wort: Malerisch!*



#WasserWanderWelt #Moore #aufderSuchenachdemHaubentaucher

Nicht erschrecken! Nutrias sind friedvolle Tiere, die genüsslich an Wurzeln mümmeln.

Im schönen Brüggen, das sehr niederländisch anmutet, kann man diese Eskapade am besten starten und gut gestärkt mit einer Portion holländischer Pommes – mmh lecker! – das Flair am linken Niederrhein noch besser genießen. Burg und Mühle liegen hier direkt in der kleinen Innenstadt.

Die Brüggener Mühle wurde mit der Burg Brüggen 1289 erstmalig urkundlich erwähnt. Sie diente als Öl- und Kornmühle. Direkt daneben befindet sich die Burg mit ihrem Wassergraben und den Burgmauern, in denen sich zahlreiche putzige Nutrias tummeln. An den Ufern finden diese oft fälschlich als Wasserratten bezeichneten Nager viele nahrhafte ockerfarbene Wurzeln, die die Zähne ulkig orange färben.

Links an der Schwalm vorbei führt der Weg an den schönen Feuchtgebieten entlang bis zum Hariksee. Von hier aus geht es vorbei an kleineren Waldstücken zum Laarer Bach. Dieser schlängelt sich durch die Feuchtgebie-

Zwischen Mühle und wunderschönen Wassergräben bietet Brüggen ein besonderes Flair. Am Wasser und auf der Wanderung kann man sich treiben lassen.

te, an vielen Feldern und Wiesen vorbei, bis zum Laarer See. Unten angekommen, ist die Hälfte des Weges geschafft, und bei einem kühlen Getränk im Notre's (www.notres-inselschlösschen.de) oder einem Gericht aus der griechisch-mediterranen Küche kann man es sich hier auf der Insel im Hariksee gut gehen lassen.

Lust auf ein flauschiges Abenteuer? Nur wenige Minuten vom Hariksee liegt die schöne Alpakafarm AlpacaView-Lodge (Eskapade #43) – von hier aus kann man Alpakatouren durch das Naturschutzgebiet machen.

Wenige Minuten später erreichen die Wanderer die Schwalm, die von ihrer Quelle bei Tüschenbroich bis zur Mündung in die Maas 45 Kilometer lang ist. Auf dem Rückweg wartet wieder holländisches Flair.

Flussabwärts führt der Weg zum Borner See und zur Borner Mühle zurück. Hier lohnt auf jeden Fall eine Rast, um das Treiben der vielen Vogelarten zu beobachten.

---

**Hin & weg:** Am einfachsten vom Viersener Bahnhof mit dem Bus SB88 in Richtung Brüggen Zentrum bis zur gleichnamigen Haltestelle. Rund um Brüggen sind auch viele Parkplätze vorhanden.

**Beste Zeit:** Frühjahr bis Spätsommer.

**Dauer & Strecke:** Insgesamt sind es ungefähr 12 km und ein halber Tag.

**Ausrüstung:** Hunger auf holländische Friet und bequeme Schuhe zum Wandern.

---

Wer die Zeit im Morgengrauen oder in der Abenddämmerung nutzt, wird an den Ufern und im Wasser Vögel, Amphibien und Säugetiere beobachten können, die genau diese Bedingungen brauchen.

Ob Haubentaucher, Wiesenpieper oder Reiher, Dachs und Biber oder Fisch und Frosch – jeder Wanderer, der hier in die Stille lauscht und genau beobachtet, wird einzigartige Entdeckungen machen. Hierzu zählen auch seltene Pflanzen wie duftende Lilien oder sonnengelbe Sumpfdotterblumen, die jeden Besucher mit ihrem außergewöhnlichen Aussehen betören.

**FAZIT: EIN STÜCK NIEDERLANDE IN NRW! BEI EINEM RUNDWEG UM DIE ZWEI SEEN KANN MAN IN DIE URSPRÜNGLICHE NATUR EINTAUCHEN.**

7 6 4
51

# VERGESSENER ORT

## #27

*Idyllischer kann ein kleines Dorf nicht sein. Fachwerk, so weit das Auge reicht und dazu noch die kleine, aber feine Düssel. Mit knapp 700 Einwohnern ist das Dorf Gruiten der perfekte Zwischenstopp für eine Wanderung durch das Neanderland und zur urwäldlichen Grube 7.*

#ursprünglich #Grube7 #Kalksteinbruch #FachwerkvomFeinsten

Kurz nach dem Bahnhof Gruiten beginnt eine wunderschöne Strecke entlang der Düssel im geschichtsträchtigen Neandertal. Ziel der Wanderung ist zum einen das pittoreske Dorf Gruiten mit seinen schönen Fachwerkhäusern, zum anderen die beeindruckende Grube 7, die auch lange Zeit Canyon genannt wurde.

Nach gut einem Kilometer ist man angekommen an der Düssel und im schönen Düsseltal auf dem bergischen Weg. Ein kleiner Abstecher nach links bietet einen Überblick über die Landschaft und die typischen Pflanzen der Region. Wer hier noch eine längere Wanderung einschieben möchte, kann einen Abstecher in das eiszeitliche Wildgehege im Neandertal machen (Eskapade #51). Dafür hier an der Düssel einfach links halten.

Weiter geht's Richtung Haan-Dorf, ein Stadtteil von Haan-Gruiten, über einen Kiesweg und durch malerischen Buchenwald – immer tiefer und tiefer in das Düsseltal hinein.

Die vielen Bänke am Weg laden dazu ein, hier ein wenig zu verweilen. Der Weg trifft auf eine

---

**Hin & weg:** Mit dem Zug zum Bahnhof Haan-Gruiten, zurück zum Bahnhof fährt der Bus 641 von Haan-Gruiten, Kirche.

**Beste Zeit:** April bis Oktober.

**Dauer & Strecke:** Ein entspannter Kontrast zwischen Fachwerk und Natur auf knapp 9 km, der mit einer Einkehr 4–5 Std. dauert.

**Ausrüstung:** Feste Schuhe, gute Laune und Lust auf leckeren Kuchen.

---

Natur und Fachwerk sind die perfekte Kombination für einen Nachmittag. In Haan-Dorf findet im Winter an den Adventssonntagen auch ein Kunsthandwerkermarkt statt.

Straße, der man folgt, um dann in das Dorf Gruiten zu gelangen.

Fachwerk begrüßt den Besucher und irgendwie ist es hier ganz still, außer die Kirchenglocken schlagen. Es empfiehlt sich, entweder jetzt oder am Ende der Wanderung (oder beides) ein wenig durch das Dorf zu schlendern und die Atmosphäre aufzusaugen.

Überquert man die Hauptstraße, führt ein Kiesweg an der Kante der Grube 7 vorbei. Runterschauen erwünscht, betreten aber nicht! Nach einer Weile trifft man auf eine Dreieckskreuzung, an der links eine hohe Bauruine aus der Zeit des Kalksteinabbaus steht.

Bis Ende der 1990er-Jahre war die Grube in Haan und darüber hinaus als Canyon bekannt und hier wurde gebadet und am Wochenende gefeiert. Heute kann man die Bruchkante des Kalksteinbruchs bei einem Spaziergang umrunden. Nachdem man Grube 7 auf diese Weise begutachtet hat, führt der Weg wieder zurück nach Gruiten-Dorf.

Nun ist es endgültig Zeit für eine kleine Rast – durchatmen! Leckeren Kuchen gibt es im Café im Dorf (www.cafe-im-dorf.net), und wer die Wahl hat, hat hier bei der hausgemachten Auswahl definitiv die Qual.

**FAZIT: DAS MALERISCHE DÜSSELTAL BEGRÜẞT JEDEN BESUCHER HERZLICH! PSST ... EIN ABSTECHER ZUM DORF GRUITEN IST EIN ECHTER GEHEIMTIPP.**

# LAND-FLUCHT

## … auf dem Schmücker Hof in Kirchhellen

#28

*Raus aus der Stadt und endlich mal durchatmen! Der Schmücker Hof im idyllischen Kirchhellen in Bottrop ist der perfekte Ort, um der Natur und der heimischen Landwirtschaft ganz nah zu sein. Kirschbäume, Erdbeerfelder, Spargel und eine hervorragende regionale Küche warten auf die Besucher.*

Nicht nur Obst und Gemüse gibt es hier im Überfluss, auch duftende Pflanzen »schmücken« den Hof.

Auf dem Weg aus der Stadt Richtung Kirchhellen, ein Stadtteil von Bottrop, fällt eines auf: Es wird immer grüner! Satte Wiesen, bestellte Felder, so weit das Auge reicht, und Landwirtschaft stechen ins Auge. Das heutige Ziel ist einer der schönsten und kreativsten Höfe in der Umgebung.

Der Schmücker Hof hat schon einige Jahre auf dem Buckel und strahlt immer noch im nostalgischen Glanz. Seit 1824 hat die Landwirtschaft in der Familie Schmücker einen besonders hohen Stellenwert. Von Generation zu Generation wurde die Leidenschaft zu frischen Lebensmitteln weitergegeben. Und das merkt man noch heute. Der sehr schön gestaltete Innenbereich des Hofes lädt nicht nur zu einem leckeren Stück Kuchen oder einem Mittagessen ein, sondern auch dazu, sich mit den regionalen Produkten auseinanderzusetzen. Ein Blick auf die Apfelplantagen? Kein Problem. Erdbeeren frisch vom Feld pflücken? Naschen erlaubt.

Der Schmücker Hof überrascht und überzeugt mit seiner Frische an Produkten und der Vielfalt. Im hofeigenen Laden kann nach Lust und Laune geshoppt werden, und hier zeigt sich auch wieder, wie viel Leidenschaft die Familie Schmücker in ihren Hof steckt. Neben eigenen Erzeugnissen zeigt man viel Herz, indem auch Produkte der umliegenden Höfe angeboten werden.

100 Hektar gehören zum Schmücker Hof. Diese sind allerdings auch manchmal ein wenig weiter weg, die Hofführung bezieht sich auf die Felder rund um den Hof. Und eines lernt man bei der Führung ganz schnell: Vielfalt ist hier unbedingt gewünscht. Nicht umsonst gibt es von jeder Obstsorte verschiedene Varianten, denn alle werden zu verschiedenen Zeiten reif.

---

**Hin & weg:** Bus 267, Haltestelle Bottrop auf der Höhe.

**Beste Zeit:** Im Sommer und Herbst, wenn das Obst reif ist (www.schmuecker-hof.de).

**Dauer:** Ein paar gesellige Stunden.

**Ausrüstung:** Unbedingt ein leerer Magen und Hunger auf Neues.

---

Wie viel Leidenschaft in den Produkten steckt, merkt man hier schnell. Im Hofladen kann man leckere Kreationen erwerben und von hausgemachter Marmelade bis Erdbeersecco ist für jeden etwas dabei.

Für Apfelfans auch interessant: Regelmäßig kommt das »Saftmobil« auf den Hof und man kann sich frischen Apfelsaft pressen lassen. Wenn das nicht lecker ist?

Tipp: Unbedingt zu einer Hofführung (einmal im Monat) anmelden, denn hier erfährt man noch mehr über die Landwirtschaft, die regionalen Obstsorten und den Spargel. Je nach Jahreszeit variiert der Schwerpunkt der Hofführung. Ein Highlight bei jeder Führung für die Kleinen? Ein Blick in die Halle mit den großen Traktoren, die jeden Anwesenden um ein Vielfaches überragen.

**FAZIT: FREUNDE DER GEPFLEGTEN UND REGIONALEN KÜCHE KOMMEN HIER AUF IHRE KOSTEN. DER SCHMÜCKER HOF IST ZUDEM EIN WOHLFÜHLORT FÜR DIE GANZE FAMILIE.**

# NATUR TRIFFT INDUSTRIE

## #29

*Eine magische Stimmung liegt über den alten Industrieruinen. Duisburg Meiderich ist nicht das heißeste Pflaster, beheimatet aber mit dem Landschaftspark einen wahren Schatz. Zeitzeugen der Industriekultur, gigantische Berge aus Stahl und eine außergewöhnliche Atmosphäre.*

#Industriekultur #NaturtrifftaufStahl #blindePassagiere

Der Landschaftspark Duisburg Nord liegt im Herzen des Ruhrgebiets. Er erstreckt sich auf 180 Hektar und bietet sowohl Erholung im Grünen und Outdoorspaß beim Klettern, als auch abwechslungsreiche Industriekulissen. Im Zentrum des Parks liegt ein stillgelegtes Hüttenwerk aus dem Jahre 1901. Bis 1985 wurde hier Roheisen für die umliegenden Stahlwerke von Thyssen produziert.

Startpunkt für eine Erkundung ist das Torhaus. Die Kulisse, die sich beim Betreten des Parks bietet, ist atemberaubend. Der alte Hochofen 5 sollte bestiegen werden. Aber Achtung: Das kann schnell schweißtreibend sein.

Eine stählerne Treppe bringt einen auf 70 Meter Höhe und beschert einen garantiert einzigartigen Blick über das Ruhrgebiet und die Natur des Landschaftsparks.

Wieder mit sicherem Halt unter den Füßen wird es Zeit, die Natur des Parks zu erkunden. Übrigens ist hier einiges sehr exotisch,

---

**Hin & weg:** Stadtbahnlinie 903 & Buslinie 906 oder 910 bis Landschaftspark Nord, Parkplatz gegenüber vom Torhaus.

**Beste Zeit:** Ganzjährig – frühmorgens starten!

**Dauer & Strecke:** 3 km für eine Runde (s. Karte), 4–6 Std., um den ganzen Park zu erkunden, die Distanzen sind nicht weit, allerdings gibt es viel zu sehen.

**Ausrüstung:** Für wärmere Tage Picknickdecke und ordentlich Proviant, Smartphone oder Kamera für tolle Fotos!

---

Industrie in grüner Kulisse ist das Motto des Landschaftsparks in Duisburg, in dem auch regelmäßig Veranstaltungen mit Food-Trucks oder auch das Sommerkino stattfinden.

denn damals wurden mit der Lieferung von Rohstoffen allerhand blinde Passagiere in Form von Pflanzen nach Duisburg gebracht. Im Frühjahr brüten in dieser Industriekulisse zahlreiche Vogelarten, sogar der Gesang der seltenen Nachtigall wurde hier schon gehört – also die Ohren spitzen.

Ob wildwachsende Gärten, Kräuterbeete, Obstwiesen oder Felsgärten. An Abwechslung mangelt es hier definitiv nicht. Wohin man schaut, erblickt man immer wieder Kleinigkeiten, die man hier nicht erwarten würde. Und da soll nochmal einer sagen, das Ruhrgebiet sei nicht grün.

In den verwunschenen Gärten der Bunkertaschen und den kleinen Anlegern am Fluss hinter den Hochöfen wird die Picknickdecke ausgerollt, um die Seele im Kontrast des Stahls mit der Natur baumeln zu lassen. Hier, ganz ungestört und in Ruhe, picknickt es sich besonders gut.

An den vielen Kühlbecken im Park hat sich die Natur wieder ihr Terrain zurückerobert (tolle Fotospots!). Nur die alte Bahnstrecke wäre ohne menschliche Einwirkung wahrscheinlich schon zugewuchert.

Zum Abschluss der Eskapade bietet sich ein kurzer Abstecher, ca. zehn Minuten Fußweg, zum Erlebnisbauernhof Ingenhammshof an, der damals ein wichtiger Lieferant für das Hüttenwerk war.

Heute leben hier viele vom Aussterben bedrohte Nutztierrassen, wie Bentheimer Schafe und Schweine. Auch Esel, Pferde, Gänse und Bienenvölker tummeln sich hier.

**FAZIT: DER LANDSCHAFTSPARK DUISBURG-NORD IST DER PERFEKTE ORT, UM EIN WAHRHAFTIGES KONTRASTPROGRAMM AN EINEM TAG ZU ERLEBEN.**

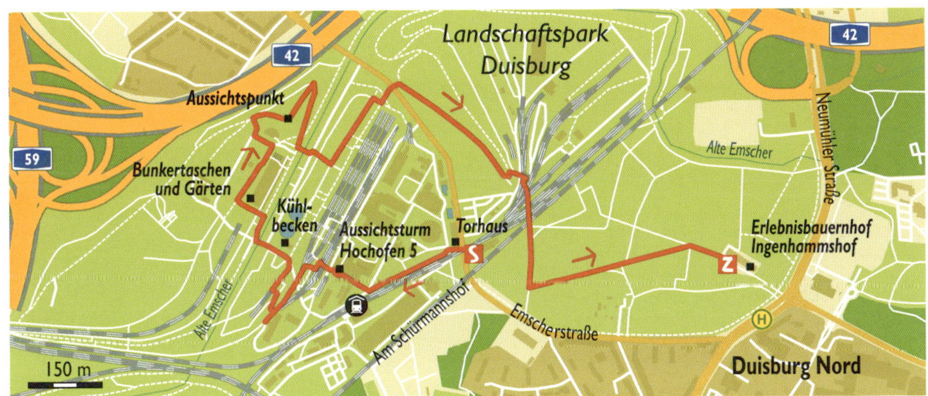

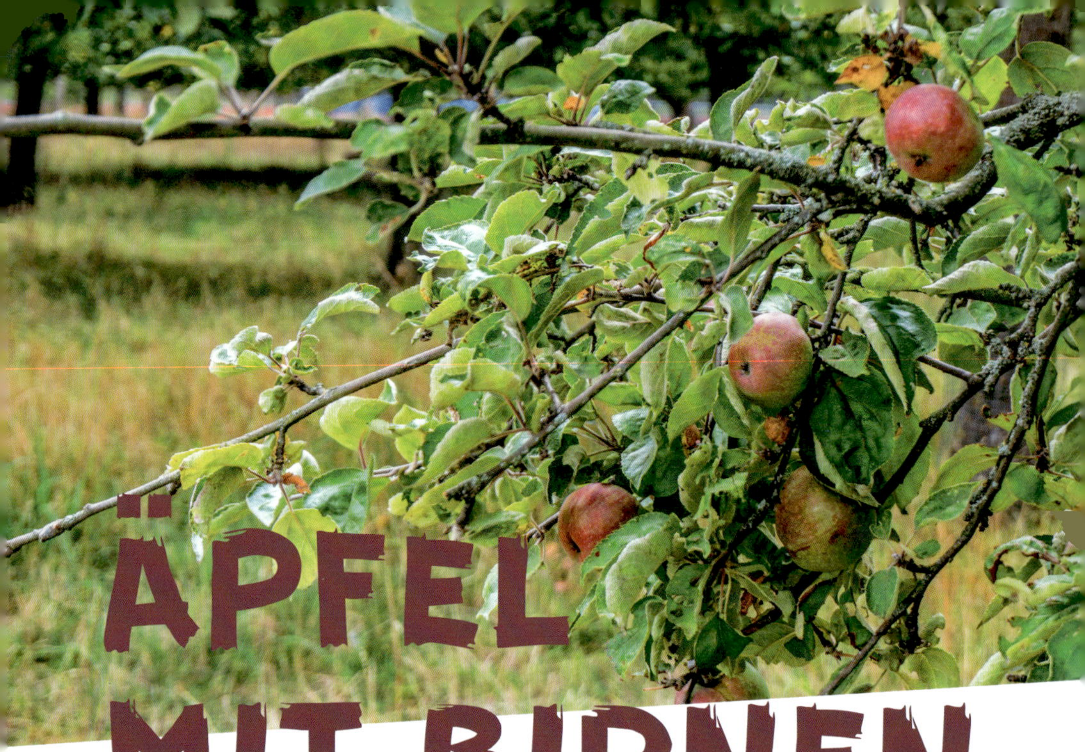

# ÄPFEL MIT BIRNEN

... im Kloster Knechtsteden

## #30

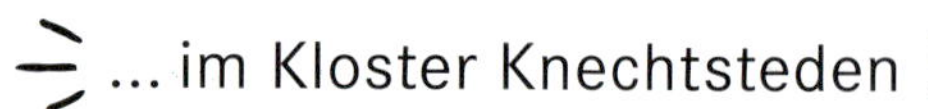

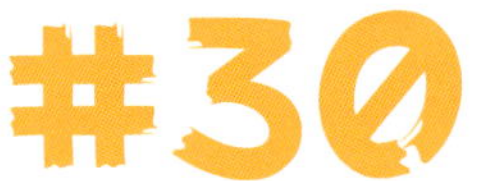

*Die weiten Auen, duftenden Obstgärten und der Knechtstedener Busch sind ideal für einen Spaziergang zu jeder Jahreszeit. Wer in Knechtsteden ankommt, sieht sofort die vielen Obstbäume und das eindrucksvolle Kloster – die perfekte Mischung!*



#Klosterleben #BirnbaumAllee #BienchenundBlümchen #schmuckeSchafe

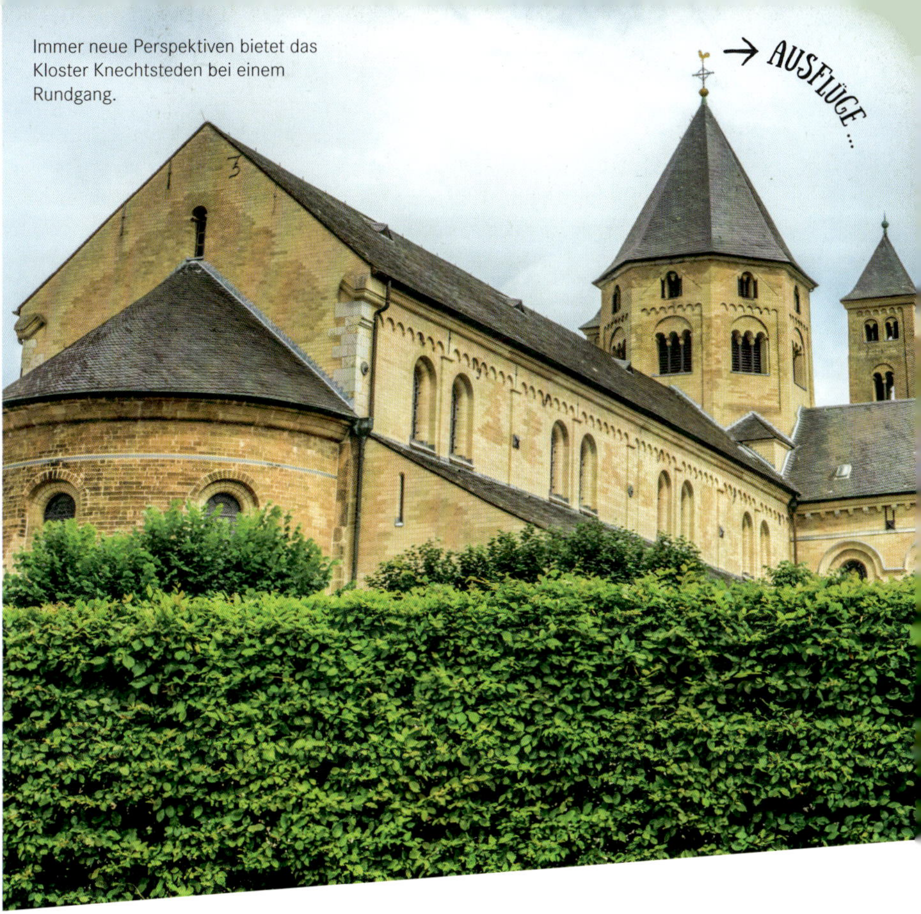

Immer neue Perspektiven bietet das Kloster Knechtsteden bei einem Rundgang.



Beim Kloster Knechtsteden handelt es sich um eine ehemalige Prämonstratenserabtei aus dem frühen 12. Jahrhundert, die sich seit 1896 im Besitz des Spiritanerordens befindet. Mönche leben hier schon lange nicht mehr, dafür finden pensionierte Missionare des Ordens an diesem Ort ein Zuhause.

Romantisch liegt die Klosteranlage auf einer sanften Anhöhe neben der Senke eines ehemaligen Rheinarmes. Klassische Bestandteile eines Klosters warten auf den Besucher. Im Mittelpunkt steht die Basilika, daneben befindet sich der Friedhof. Auch ein Klosterladen empfängt die neugierigen Gäste.

An die Klosteranlage angeschlossen ist auch der kleine, aber feine, duftende Kräutergarten. Dieser liegt idyllisch eingerahmt von Streuobstwiesen, Tierweide und der Theaterscheune am Rand der Anlage. Von hier aus startet auch der große Obstwanderweg. Ein breiter Forstweg führt einmal rund um den Knechtstedener Busch und gibt viele schöne Ausblicke auf Wiesen, blühende Bäume und ein schönes Wald-Szenario frei. Am oberen

Rand befindet sich die Allee mit dem klangvollen Namen Allee der Dyker Schmalzbirnen.

Am Ende des Rundweges und nach circa zwei Stunden warten wiederentdeckte Raritäten und Lokalsorten der Region auf den interessierten Besucher, wie die Lotemer Sure und die Puspasbirne. Alle Sorten haben in der Erhaltungssammlung am Kloster Knechtsteden einen sicheren Standort gefunden.

Mit über 300 Obstbäumen und 120 Obstsorten besteht hier eine beachtliche Vielfalt alter, für das Rheinland typischer Apfel-, Birnen-, Pflaumen- und Kirschsorten. Wer sich ein köstliches Stück des Klosters mit nach Hause nehmen möchte, kann im Klosterladen auch ein leckeres Mitbringsel aus lokalen Äpfeln und Birnen erwerben.

Der letzte Teil des Weges wird von viel »Mäh« begleitet. Zwischen den vielen Obstbäumen fühlen sich die putzigen Heidschnucken be-

---

**Hin & weg:** Vom Bahnhof Dormagen mit dem Bus 871 Richtung Grevenbroich Bf bis Knechtsteden. Parkplätze sind vor dem Kloster vorhanden.

**Beste Zeit:** Zu jeder Jahreszeit sehenswert. Im Frühjahr blühen die Obstbäume, im Spätsommer duftet es nach Äpfeln und Birnen, im Herbst lockt der orangerote Wald.

**Dauer & Strecke:** Die große Waldrunde des Obstwanderweges ist knapp 8 km lang. Mit einer Einkehr im empfehlenswerten(!) Restaurant Klosterhof und Besichtigung der Klosteranlage gut 5 Std. (www.kloster-knechtsteden.de).

**Ausrüstung:** Die App Obstsortengarten Knechtsteden – hier erfährt man viel über Obstwiesen, zum Obstanbau sowie zu lokalen Obstsorten.

---

Auf dem historischen Gehöft des Klosters sollten die Besucher unbedingt die Augen offen halten.

sonders wohl. Die Rasse ist vom Aussterben bedroht und lebt dank einer Patenschaft unter anderem hier am Kloster Knechtsteden.

Der beliebte Biergarten Klosterhof (www.klosterhof-knechtsteden.de) am Startpunkt ist bei gutem Wetter regelmäßig das Ziel zahlreicher Besucher von nah und fern. Hier wird gute und bodenständige Küche serviert, und nach einer Wanderung kann man mit Blick auf die Streuobstwiesen nochmals so richtig gut abschalten.

**FAZIT: AM SÜßLICHEN DUFT DER BIRNEN UND ÄPFEL SOLLTE MAN SICH IN DIESER WUNDERSCHÖNEN ATMOSPHÄRE UNBEDINGT BETÖREN!**

# AUF LEISEN SOHLEN

*Man konzentriert sich auf seine Sinne, ist verbunden mit Mutter Natur und der Erde. An der Erft kann man einen schönen Barfußpfad entdecken. Aber Achtung: Es kann auch mal piksen!*

#ohneSchuhe #NaturGefühle #Erftauen #WellnessfürdieFüße

Schuhe aus und los! Der Neusser Barfußpfad am Berghäuschenweg lockt die Besucher seit 2003 jedes Jahr ab Mai zu einem Abenteuer ohne Schuhe.

Sind die Socken ausgezogen, kann man sich auf dem Barfußpfad an Wegen aus runden Kieseln, weichem Sand, spitzen Muscheln, softem Rindenmulch und kalten Marmorstücken versuchen – nicht alles ist fußschmeichelnd und von Beginn an angenehm unter den Sohlen.

17 verschiedene Erlebnisfelder verzücken die Füße und wecken alle Sinne, denn barfuß laufen kräftigt die Muskeln und Gelenke, fördert die Durchblutung und stärkt das Immunsystem. Wenn das mal keine Gründe sind, die lästigen Schuhe auszuziehen.

Der liebevoll gestaltete Barfußparcour liegt im idyllischen Hochzeitshain, in dem frisch vermählte Brautpaare einen Baum pflanzen können. Zwischendurch hört man auf dem Pfad das Rauschen der Erft, die direkt hinter dem

---

**Hin & weg:** Ab Neuss Hbf mit dem Bus Linie 849 Richtung Erfttal oder Linie 841 Richtung Rosellerheide bis Nixhütter Weg, von da aus 150 m Fußweg. Parken hinter der Autobahnbrücke links zur Erft.

**Beste Zeit:** Geöffnet ab Mai. Am besten im Sommer, dann gibt's auch keine kalten Füße.

**Dauer & Strecke:** Ca. 4 km an der Erft entlang, plus einige Runden auf dem Barfußpfad. Perfekt für einen schönen Sommernachmittag.

**Ausrüstung:** Eine Tasche, um die Schuhe zu verstauen.

---

Eine kostenlose Wellnessbehandlung für die Füße? Kein Problem! Auf dem Barfußpad in Neuss wird die Durchblutung angeregt und der Fokus wieder auf die Sinne gelenkt. Entspannung pur!

Hochzeitshain verläuft. Auf die Geschwindigkeit kommt es beim Laufen auf dem Pfad nicht an, denn jeder sollte sein eigenes Tempo finden und wirklich eins mit der Natur werden. Zwischendurch ist eine Pause auf jeden Fall erwünscht. Am besten, man horcht einfach in sich hinein und spürt, was die Füße einem sagen möchten.

Sind einige Runden auf dem Barfußpfad gedreht, geht es mit erfrischten und prickelnden Fußsohlen weiter entlang der Erft. Nach der kleinen Wellness-Behandlung läuft man wie auf Federn durch die schöne Erftlandschaft.

Unterwegs in der grünen und prächtigen Naturlandschaft streckt man am besten auch mal die Füße in das klare Wasser. Denn die Erft hat eine ganz bedeutende Besonderheit: Im Winter sinkt die Wassertemperatur nicht unter 15 Grad, im Sommer beträgt sie oft 28 Grad. Grund dafür sind 300 Millionen Kubikmeter erwärmtes Grundwasser, das vom Braunkohleabbau in die Erft gepumpt wird.

Überquert man nach einem Fußweg von rund drei Kilometern die Erft, gelangt man zum Ortskern des Neusser Stadtteils Reuschenberg. Hier kann man sich mit einem original italienischen Gelato verwöhnen. Denn im Eiscafé Rizzardini gibt es das beste Eis in ganz Neuss – selbst hergestellt nach italienischen Familienrezepten.

**FAZIT: RAUS AUS DEN SCHUHEN UND REIN IN DAS VERGNÜGEN. EIN PAAR RUNDEN AUF DEM BARFUßPFAD ERFRISCHEN UND GEBEN ENERGIE.**

# GIGANTEN DER WÄLDER

## … auf der Sequoiafarm in Kaldenkirchen

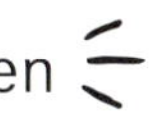

**#32**

*Fast jeder kennt sie: die großen Mammutbäume in amerikanischen Nationalparks. Aber auch am Niederrhein wachsen die imposanten Gewächse überraschend gut. Auf der Sequoiafarm in Kaldenkirchen kann man mehr über die Riesen erfahren.*

#Baumriesen #USAFeeling #Raritäten #schrägeVögel

Steht man vor den riesigen Mammutbäumen auf der über 35 000 Quadratmeter großen Sequoiafarm, kann einem schon mal der Atem stocken. Knapp 40 Meter ragen manche Exemplare in die Höhe und ein Gipfel ist mit bloßem Auge kaum auszumachen.

Hier auf dem Gelände des Kaldenkirchener Grenzwaldes und Landschaftsschutzgebiets finden gleich drei verschiedene Arten von Mammutbäumen ein Zuhause – Bergmammutbäume, Küstenmammutbäume und die zeitweise schon ausgestorben geglaubten Urweltmammutbäume.

1950 wurden testweise die ersten Bäume gepflanzt, die sich prächtig entwickelt haben. Die Sequoiafarm war und ist schon immer ein Liebhaberprojekt, denn die Gründerfamilie Martin hat stets pflanzliche Raritäten gesammelt, vermehrt und gepflegt. Auf dem Gelände befindet sich auch ein echter Champion: 2016 wurde eine 60 Jahre alte Mädchenkiefer als höchste ihrer Gattung in Deutschland ausgezeichnet.

Läuft man über die Anlage, fallen die vielen Details auf. Zahlreiche rare Pflanzen sind beschriftet, in der Mitte der Anlage befindet sich der Umriss des größten Mammutbaums der USA und eine Ameisenstraße operiert seit mehreren Jahrzehnten an derselben Stelle.

---

**Hin & weg:** Am besten mit dem Auto anreisen und auf der Knorrstraße parken. Vom Bahnhof Kaldenkirchen sind es 4 km zu Fuß.

**Beste Zeit:** Von Anfang April bis Ende Oktober geöffnet (www.sequoiafarm-kaldenkirchen.de).

**Dauer:** Ungefähr 4 Std.

**Ausrüstung:** Entdeckergeist und Verpflegung.

---

Bäume dürfen hier auch gerne mal umarmt werden, denn nicht umsonst wird den Giganten der Wälder nachgesagt, dass sie Energie spenden sowie außergewöhnliche und ungeahnte Glücksgefühle auslösen.

Auch heimische Tiere fühlen sich im Landschaftsschutzgebiet wohl. Nicht selten kann man hier außergewöhnliche Vögel beobachten. Viele Besucher legen sich speziell dafür regelrecht auf die Lauer.

Der Eintritt in die Sequoiafarm ist kostenfrei, jedoch ist der Verein auf Spenden angewiesen. Wenn man das Spektakel genossen hat, freut sich das Sparschwein am Ausgang über etwas Futter.

Kleiner Tipp: Wegen des hier beginnenden Premiumwanderweges Galgenvenn ist es meist sehr voll. Und das einzige Restaurant (www.haus-galgenvenn.de) nahe der Sequoiafarm ist oft ausgebucht. Daher bringt man sich am besten ein wenig Verpflegung mit und macht ein kleines Picknick auf einer der Bänke der Farm. Das ist auch viel idyllischer!

**FAZIT: AUGE IN AUGE MIT DEN FASZINIERENDEN GIGANTEN! DIESE ESKAPADE IST PERFEKT FÜR NATURFREUNDE.**

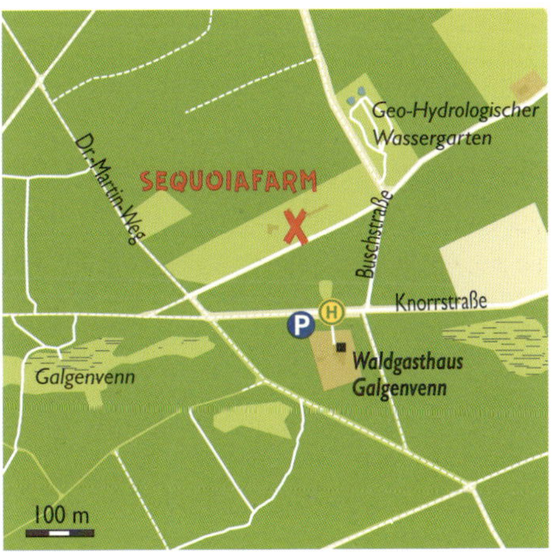

# SAGENHAFT SCHÖN

## … im Märchenwald Altenberg

*Entlang des Märchenpfades haben 18 Märchen der Gebrüder Grimm eine neue Heimat gefunden. Gelegen in der Idylle des bergischen Waldes können hier Groß und Klein ein paar zauberhafte Stunden verbringen.*

#GebrüderGrimm #sagenumwobeneGeschichten #Märchenpfad

Mitten im Wald sind die Märchen versteckt, die jeder als Kind schon mal gehört hat.

Ein steiler Aufstieg führt die Besucher hinauf in den Wald zum schönen Märchenpfad, der garantiert Kindheitserinnerungen weckt. Hier fühlt sich wirklich jeder wohl. Ob Groß oder Klein, ein jeder findet hier sein Lieblingsmärchen wieder!

Mittlerweile hat der Ort bereits 90 Jahre auf dem Buckel, das verleiht dem Märchenwald in Altenberg in gewisser Weise ein wenig Nostalgie. Die Märchen werden trotzdem nicht langweilig, denn immer noch sind Frau Holle, Rotkäppchen und der Froschkönig aktuell.

Alle Märchenfiguren warten in ihren Häuschen darauf, den heranschreitenden Besuchern ihre Geschichten zu erzählen. Dabei sind alle gespannt und erinnern sich an die Märchen, die bereits die Oma damals erzählt hat. Rapunzel lässt in einem Turm ihr Haar herunter, die Bremer Stadtmusikanten musizieren zusammen und Schneewittchen beißt in den vergifteten Apfel. Oft nostalgisch, manchmal zum Fürchten oder auch zum Lachen. Für jeden Geschmack ist hier das passende Märchen dabei. Auch die Erwachsenen lauschen hier andächtig.

Hat man die Hälfte des Märchenpfades mit seinen insgesamt 18 verschiedenen Stationen geschafft, ist Durchatmen angesagt, denn von nun an geht es vorbei an Spielplatz und Ziegengehege wieder bergab. Füttern ist hier erwünscht und die lebhaften Ziegen freuen sich über das Wildfutter aus den Automaten und sind gar nicht scheu.

Auch auf dem Spielplatz powern sich die Kleinen gerne aus, denn im Halbschatten und mit vielen märchenhaften Gedanken spielt es

---

**Hin & weg:** Anreise am besten mit dem Auto, der große Parkplatz ist am Fuß des Märchenwaldes.

**Beste Zeit:** Der Märchenwald ist ganzjährig geöffnet, am schönsten aber von Frühjahr bis Herbst (www.maerchenwald-altenberg.de).

**Dauer:** Bis zu 4 Std. plus Pause im Café, wenn man mag.

**Ausrüstung:** Festes Schuhwerk und Wildfutter für die putzigen und zutraulichen Ziegen.

---

Manche Sprüche vergisst man einfach nicht und hier im Wald wird man an viele Redewendungen erinnert.

sich noch viel besser. Hat man alle Stationen besucht, führt der Rundweg wieder zurück zum Eingang.

Am Ende kann man gut eine Rast auf einer der vielen Bänke einlegen oder sich mit einer leckeren bergischen Waffel, einem Eis oder Kuchen aus dem Märchenwald-Café verwöhnen.

Wer noch ein wenig mehr sehen möchte, besucht den benachbarten Altenberger Dom, der die höchsten Kirchenfenster jenseits der Alpen sein Eigen nennen kann. Zum Dom sind es vom Parkplatz des Märchenwaldes zehn Minuten Fußweg.

**FAZIT: AUFFRISCHUNG IN SACHEN MÄRCHEN? WER NICHT MEHR MIT DEN GESCHICHTEN DER GEBRÜDER GRIMM VERTRAUT IST, SOLLTE DEN MÄRCHENWALD BESUCHEN.**

# GEMÜTLICH TRETEN

## … auf dem Blauen See in Ratingen

**#34**

*Ach wie schön! Hier lockt nach einem gemütlichen Waldspaziergang mit viel frischer Waldluft eine entspannte Tretbootfahrt auf den See. Die perfekte Kombination für einen lauschigen und warmen Sommertag mit versteckten Überraschungen!*

#blauesSpektakel #vomWaldzumWasser #cruisen #MythenundSagen

Der Blaue See, zu dem die gleichnamige Straße führt, ist in Ratingen ein wertvolles Naturdenkmal und ein attraktives Naherholungsgebiet. Im Norden schließt sich ein großes zusammenhängendes Waldgebiet an, im Süden das Tal des Angerbachs.

Bei einem Spaziergang durch den Wald mit seinem sagenumwobenen Stinkesberg kann man die Akkus wieder aufladen und sich an der Natur erfreuen. Nein, es stinkt dort nicht. »Stin« bedeutet Stein und »kes« ist die Verniedlichung.

Bis heute ist der Berg allerdings immer wieder Treffpunkt für Rollenspieler, Gothic- und New-Wave-Anhänger, Okkultisten und Esoteriker. Die Steine mit den vielen mystischen Schnitzereien sind leider mittlerweile überwuchert und es bleibt nur noch die Atmosphäre.

Erfrischt nach einem knapp neun Kilometer langen Spaziergang ist der Endpunkt des Rundweges wieder der Parkplatz, auf dem man angekommen ist. Jetzt wartet das eigentliche Highlight auf den Besucher des Blauen Sees: eine entspannte Tretbootfahrt in dem ehemaligen Kalksteinbruch. Hat man die Treppen nach unten zum Treetbootverleih hinter sich gelassen, kann man auf dem kleinen,

---

**Hin & weg:** Ab Düsseldorf Hauptbahnhof mit der S6 Richtung Essen bis Ratingen Ost, von da aus sind es zu Fuß noch 20 Min. Parken kann man am Parkplatz Blauer See.

**Beste Zeit:** Im Sommer, wenn die Sonne scheint.

**Dauer & Strecke:** Der Waldweg ist knapp 9 km lang, mit einer Bootsfahrt auf dem Blauen See und einem Stück Kuchen gut und gerne ein ganzer Tag.

**Ausrüstung:** Sonnencreme nicht vergessen!

---

Ganz versteckt und nicht von außen ersichtlich ist der Blaue See. Ein Geheimtipp für Ruhesuchende, die eine Weile vom Trubel Abstand nehmen und gemütlich paddeln wollen.

aber umso schöneren See einige herrliche – und vor allem ungestörte – Runden drehen.

Gut zu wissen: Fährt man näher an die Bruchkante des Sees, kann man auch gut erkennen, wie sich der Kalkstein bildet. Auf dem Boot kann man nun relaxen, die Seele baumeln lassen und den um sich liegenden »Kessel« aus Bäumen genießen.

Wenn irgendwann der Hunger kommt, ist ein kleiner Imbiss nicht weit. Mit einem traumhaften Ausblick auf den Blauen See, der auch ein österreichischer Bergsee sein könnte, isst man hier im Waldcafé am Blauen See auf der Sonnentasse inmitten der kleinen städtischen Idylle in Ratingen ein leckeres Stückchen Kuchen.

**FAZIT: IDYLLE PUR! AUF DEM BLAUEN SEE IN RATINGEN ENTSPANNT MAN AUF DEM TRETBOOT, NACHDEM MAN DEN DICHTEN UND SAGENUMWOBENEN WALD ERKUNDET HAT.**

# HERR-SCHAFTLICH PICKNICKEN

## #35

*Für so eine schöne Kulisse packt man doch gerne den Picknickkorb! Der Schlosspark vom Neersener Schloss ist zwar nicht groß, macht das aber mit Ambiente wieder wett. An der kleinen mit Wasser umgebenen Erhöhung ist Ruhe und Erholung angesagt!*

#lecker #PicknickamWasserschloss #idyllischerGeheimtipp #Rosenduft

Schloss Neersen, gelegen im gleichnamigen kleinsten Stadtteil der Stadt Willich und umsäumt von einem traumhaften Park mit jahrhundertealtem Baumbestand, entstand als Motte – eine Burg auf einem von Wasser umgebenen Hügel – vor etwa 800 Jahren. Staubig ist es hier im Schlosspark keinesfalls, denn neben idyllischen Picknickplätzen gibt es auch einiges zu sehen.

Der Picknickkorb sollte bei dieser Eskapade der Freund und Begleiter sein (anderes kulinarisches Equipment tut es natürlich auch), denn im Schlosspark zwischen naturnaher Kulisse und in einer erstaunlichen Ruhe kann man die Mahlzeit in ein kleines Event verwandeln.

Das Schloss selbst ist nur von außen zu besichtigen, da es die Verwaltung der Gemeinde beherbergt. Der Schlosspark mit seiner Skulpturensammlung, dem Sinnesweg und der NABU-Station lohnt einen Spaziergang. Hunde sind erlaubt. Der Park kann übrigens auch mit dem Rollstuhl besucht werden. Ein tolles Flair bieten außerdem die Feste, die über das Jahr verteilt im und um das Schloss stattfinden, wie Handwerkermarkt, Kinderfest und Weihnachtsmarkt. Die Schlossfestspiele (www.festspiele-neersen.de) in beein-

---

**Hin & weg:** Parkplätze gibt es reichlich. Wer mit den öffentlichen Verkehrsmitteln kommt: Von Mönchengladbach Hbf mit dem Bus 036 nach Willich St. Töniser Straße bis Neersen Am Schloss.

**Beste Zeit:** Unbedingt im Sommer!

**Dauer:** Perfekt für einen lauschigen Sommerabend.

**Ausrüstung:** Ein vollgepackter Picknickkorb mit den liebsten Leckereien, ein wenig Geld für ein Eis und Mückenschutzmittel.

---

So ein herrschaftliches Picknick hat sich doch jeder einmal verdient, oder? Ausgestattet mit Picknickkorb kann man hier unter den Bäumen schöne Stunden verbringen.

druckender Kulisse sind jedes Jahr DAS Event der beschaulichen Kleinstadt.

Im frühen Sommer blühen die Rosen im Rosarium im Schlosspark und ein verführerischer üppiger Duft liegt in der Luft. Auch ein kleines Labyrinth erfreut Groß und Klein beim Besuch. In unmittelbarer Nähe zur Schmetterlingswiese (Augen auf!) im Neersener Schlosspark befindet sich ein Igellehrpfad. Die NABU-Ortsgruppe Willich hat hier drei Tafeln mit Informationen über den kleinen stacheligen Gesellen zusammengestellt.

**FAZIT: PICKNICK UND DER SOMMER HABEN SICH LIEB! IM SCHLOSSPARK SCHMECKEN DIE ZU HAUSE ZUBEREITETEN KÖSTLICHKEITEN NOCH BESSER.**

Nach dem Picknick noch Lust auf einen leckeren Nachtisch? Die Eisdiele in der Orangerie bietet Auswahl in super Qualität. Und mit dem Eis in der Hand kann man danach auch wunderbar noch eine Runde spazieren gehen.

# KREATIVER KANAL-TAG

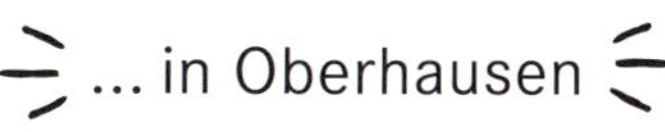

*Wo ein Strommast den malerischen Namen Zauberlehrling trägt, eine verrückte Brücke an Comicfilme erinnert und gemütliche Blicke auf den Rhein-Herne-Kanal die Besucher anlocken, verbringt man den perfekten Tag in Oberhausen.*

#tierisch #RuhrpottRomantik #wiekreativ #Streicheleinheiten

Oh wie schön ist's an der Ludwiggalerie Schloss Oberhausen (www.ludwiggalerie.de)! Der Kaisergarten mit seinem Tiergehege, dem großen Abenteuerspielplatz und der Minigolfanlage ist eines der Must-sees in Oberhausen. Gestartet wird in der malerischsten Parkanlage der Stadt, ein Abstecher mit Aufenthalt im Tiergehege (www.tiergehege-kaisergarten.de) mit Streichlezoo muss sein. Hier hat man sich auf heimische Haustierrassen und europäische Wildtiere spezialisiert. Klingt verstaubt? Ist es aber nicht! Süße Alpakas schauen durch ihre

Ein garantiert kontrastreicher Tag wartet auf die Besucher. Jetzt muss man sich nur noch überlegen, welche Station zum Lieblingsstopp werden könnte.

langen Wimpern, der Luchs entspannt in der Sonne und nur ein paar Meter weiter schnüffelt das Damwild verspielt am Zaun des Geheges. Gefüttert werden wollen die vielen Tiere hier im Kaisergarten fast immer, das passende Wildfutter kann an der Pforte gekauft werden.

Der nächste Stopp ist die angrenzende Spiralbrücke, die den klangvollen Namen Slinky Springs to Fame trägt. Nur ein paar Minuten Fußweg vom Tiergehege überspannt die Brücke den Rhein-Herne-Kanal und führt rüber zur Emscherinsel. Hier ist ein Foto mit dem bunten Boden der Brücke Pflicht. Extratipp: Abends ist Slinky auch beleuchtet!

Der Spaziergang geht weiter am glitzernden Rhein-Herne-Kanal, vorbei am Hochseilgarten (www.tree2tree.de) und dem ikonischen Gasometer. Das Gasometer (www.gasometer.de) zeigt seit 25 Jahren wechselnde interessante Ausstellungen in einer beeindruckenden industriellen Location.

Ungefähr 400 Meter weiter befindet sich das große Einkaufszentrum Centro Oberhausen, das mit seiner schönen Promenade und vielen Restaurants einen Stopp für ein gemütliches Mittag- oder Abendessen wert ist.

Gut gestärkt geht der Weg weiter in Richtung des heimlichen versteckten Highlights dieser Eskapade. Rechts abgebogen in den Gehölzgarten Ripshorst, erspäht man den Protagonisten schon von Weitem. Der Zauberlehrling – der wohl einzige tanzende Strommast in Deutschland – steht im Emscher Landschaftspark. So etwas gibt es nur im Ruhrpott!

**FAZIT: KÜNSTLERISCH HAT DIESE ESKAPADE EINIGES AUF DEM KERBHOLZ! EIN ABSTECHER NACH OBERHAUSEN LOHNT SICH!**

**Hin & weg:** Ab Oberhausen Hbf mit dem Bus 956 Richtung Goerdelerstraße bis Schloss Oberhausen, zurück ab Haus Ripshorst mit Bus 957 zum Hautbahnhof.

**Beste Zeit:** Im ganzen Jahr schön. Bonus: Im Winter haben die Tiere Hunger!

**Dauer & Strecke:** 4–5 km und ein halber Tag, je nachdem, wie lange man sich im Kaisergarten aufhält.

**Ausrüstung:** Gutes Schuhwerk und leichtes Gepäck, Tierfutter kann nur vor Ort gekauft werden.

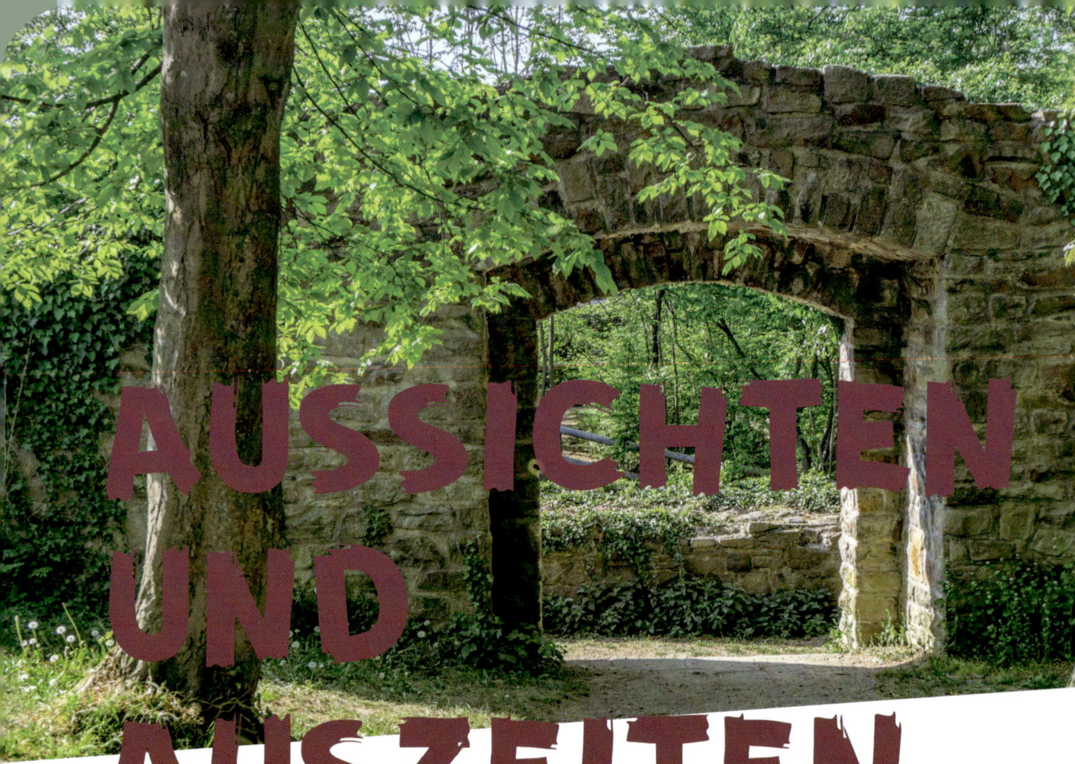

# AUSSICHTEN UND AUSZEITEN

## ... am Baldeneysee entlang

# #37

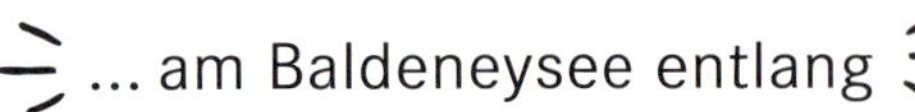

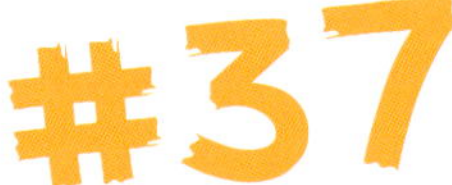

*Auf der Jagd nach dem besten Bild kann man auf der ersten Etappe des Bergischen Wegs drei ganz tolle Aussichten fotografieren und festhalten. Dazu noch einige Auszeiten in der Höhe und am Wasser. Der perfekte Tag!*



#BergischeBlicke #Stauseesehen #Industriedenkmal #NaturPur #EssenerOriginale

Von den Aussichten in dieser Eskapade kann man garantiert nicht genug bekommen. Ein Perspektivwechsel wartet hier an vielen Ecken!

Der Einstieg für diese Eskapade ist der Beginn des Bergischen Wegs, der den Baldeneysee im Süden der Ruhrgebietsstadt Essen mit Velbert auf den ersten Höhen des Bergischen Landes verbindet.

Der Fernwanderweg lässt hier schon im Ballungsgebiet an der Ruhr dessen grüne Adern und faszinierende Naturerlebnisse durchblicken. Auf dem Weg wartet unter anderem das Vogelschutzgebiet Heisinger Bogen am größten Stausee der Ruhr darauf, entdeckt zu werden.

Der Bergische Weg startet am Parkplatz am 165 Meter hohen Baldeneyer Berg. Nach einem leckeren Frühstück im Wirtshaus zur Heimlichen Liebe (www.heimliche-liebe.de) auf der malerischen Panoramaterrasse führt der Weg zur Ruine der Neuen Isenburg, die um 1240 hoch über der Ruhr erbaut wurde.

Trotz ihrer strategisch guten Lage wurde die Neue Isenburg allerdings knapp 50 Jahre nach ihrer Erbauung bereits zerstört. Hier kann man sich ruhig ein bisschen umschauen, denn

Natur trifft auf Industrie. Augen auf, denn hier gibt es viel zu entdecken!

Ausgrabungen im 20. Jahrhundert legten den heute sichtbaren Bestand frei. Perfekt für das zweite Aussichtsfoto!

Auch Foto Nummer 3 ist nicht weit! Wenig später passiert man die Korte Klippe, ein bekannter Aussichtspunkt, von dem man den gesamten Baldeneysee von der Staumauer bis zum Übergang in die Ruhr westlich von Kupferdreh überblicken kann. Wer Weitblicke liebt, ist hier gut bedient, denn von der Korte Klippe kann man auch die südlich des Sees gelegenen Essener Stadtteile Fischlaken und Heidhausen ausmachen.

Jetzt geht es hinab an den Baldeneysee, der im Jahr 1933 angelegt wurde und mit einer Fläche von 264 Hektar der größte der insgesamt sechs Ruhrstauseen ist. Am Ufer passiert man auf dem Bergischen Weg den schönen Förderturm der Zeche Carl Funke, der als einziges Bauwerk nach der Stilllegung 1973 nicht abgerissen, sondern als Industriedenkmal erhalten wurde. Wie schön! Am Ufer kann man sich kurz abkühlen und ein kühles Getränk genießen.

---

**Hin & weg:** Ab Essen Hbf mit dem Bus 145 nach Heisingen Baldeneysee bis Drosselanger, von da aus 500 m zu Fuß zur Heimlichen Liebe. Zurück ab Essen Kupferdreh nach Haltern am See bis Essen Hbf.

**Beste Zeit:** Frühling bis später Herbst.

**Dauer & Strecke:** Mit gemütlichem Frühstück in der Heimlichen Liebe und Absacker im Restaurant SeeBar ein halber Tag. Insgesamt ca. 7 km.

**Ausrüstung:** Wetterfeste Kleidung, feste Schuhe, Wasserflasche und Mückenspray. Und natürlich eine Kamera!

---

Wer mag, kann am Baldeneysee auch selbst in See stechen – viele Besucher bringen sich Boote mit.

Vorbei am Yachtclub wandert man nun ins Natur- und Vogelschutzgebiet Heisinger Bogen. Das sehr sumpfige und naturbelassene Gelände dient als ausgedehntes Brutrevier für Haubentaucher, Kormorane, Reiher und andere bedrohte Vögel.

Bevor man die Brücke bei Heisingen überquert, sollte man noch einen Stopp im Restaurant See-Bar (www.see-bar.com) einlegen. Auf der anderen Seite des Baldeneysee angekommen verlässt man schließlich das Ruhrgebiet und ist nun offiziell im Bergischen Land angekommen. Natürlich ist es nun auch möglich, die Eskapade zu erweitern und den Bergischen Weg noch weiter zu laufen.

**FAZIT: VON DER NATUR ZUM SEE – DAS IST DAS MOTTO DIESER ESKAPADE, DIE DREI WUNDERSCHÖNE AUSSICHTSBILDER IN PETTO HAT.**

Hier gruben die Pottbäcker einst den guten T

# WALDBADEN

*Shinrin-yoku – schon mal gehört? Schon lange in Japan ein Trend für Geist und Seele, ist das Waldbaden auch bei uns angekommen. Ganz im Einklang mit der Natur erkundet man so die Ursprünglichkeit. Übersetzt heißt das nichts anderes als: »Eintauchen in die Waldatmosphäre«.*

#Waldliebe #Shinrinyoku #Entspannung #Achtsamkeit

Ankommen im Wald, den weichen Boden unter den Füßen spüren und einfach mal den Klang der Natur genießen. Beim Waldbaden ist das möglich. Waldbaden ist nämlich nicht etwa ein langweiliges Bad, sondern eine wahre Symphonie der Sinne, die sich in der grünen Idylle entfaltet.

Eigentlich braucht man für das Waldbaden nur eines: einen Wald. Wenn dieser Wald dazu noch interessant und sehenswert ist, umso besser! In Krefeld am Hülser Berg, der mit 63 Metern die höchste natürliche Erhebung in der Stadt ist, kann man neben der vielfältigen Natur auch noch einigen Wildtieren begegnen und in die Geschichte des Handwerks eintauchen. Startet man vom Parkplatz am Hülser Berg, kommt man als Erstes an der Hülser Bergschänke (www.huelser-bergschaenke.de) vorbei. Hier lohnt es sich, eine Stärkung mit gutbürgerlicher Küche einzunehmen. An dieser Stelle beginnt auch der Waldlehrpfad, der einiges über Flora, Fauna und die Entstehung des Waldes verrät. Im Wald verteilte Wandertafeln weisen die Wege.

---

**Hin & weg:** Ab Krefeld Hbf mit dem Bus 060 Richtung Krefeld Hülser Berg bis Haltestelle Krefeld Molenaarstaße, zu Fuß sind es dann 600 m bis zur Bergschänke. Mit dem Auto parkt man am Parkplatz am Hülser Berg.

**Beste Zeit:** Zu jeder Jahreszeit hat der Hülser Berg seinen Charme, besonders schön ist der Wald am frühen Morgen oder zur Dämmerung. Dann sind die Besucher auch rar.

**Dauer:** Beim Waldbaden sind den eigenen Bedürfnissen keine Grenzen gesetzt. Mit der Einkehr in die Hülser Bergschänke kann man hier gut und gerne 5–6 Std. verbringen.

**Ausrüstung:** Nichts, was den Spaziergang in der Natur stören könnte.

---

Im Wald werden die Sinne geschärft – das ist Urlaub für die Seele.

Im grünen Dickicht befinden sich Gehege mit Rehen, Hirschen, Rotwild und Wildschweinen, die sich unter dem dichten Blätterbaldachin besonders wohlfühlen.

Der Wald ist abseits der Wege durchsetzt von den sogenannten Tonkuhlen. Das sind zehn bis 20 Meter breite Erdlöcher, in denen die ehemaligen Lehmstecher – Hülser Pott- und Pannebäcker genannt – Lehm als Rohstoff abgebaut haben. Auch eine Gedenkbank erinnert an dieses ehemalige Handwerk.

Generell sollte man sich hier aber ein wenig gehen lassen und den eigenen Instinkten folgen, denn im Wald gibt es an jeder Ecke etwas Neues zu entdecken, und genau das macht *Shinrin-yoku* auch aus. Zwischendurch ist eine Rast auf den vielen Bänken unbedingt erwünscht und der Perspektivwechsel bringt Veränderung in das Waldbaden.

Wer noch mehr Perspektiven möchte, kann den 30 Meter hohen Johannesturm erklimmen und so einen Blick auf die Baumwipfel erhaschen. Auf dem Turm kann man über den Niederrhein und bis in das Ruhrgebiet schauen. Übrigens soll der Hülser Berg einer Sage nach von einem Riesen aus Sand und Lehm erschaffen worden sein. Beides brachte er aus dem Harz nach Krefeld, stolperte im einstigen Urwald und formte so den Berg.

Waldbaden entspannt, erdet uns und bringt die Wichtigkeit der Natur wieder in den Vordergrund. Eines ist klar, nach einem erfrischenden Waldspaziergang fühlt man sich wie neu geboren.

**FAZIT: REIN IN DEN WALD, DEN KOPF ABSCHALTEN UND EINFACH MAL DIE NATUR SPÜREN. AM BESTEN OHNE SMARTPHONE.**

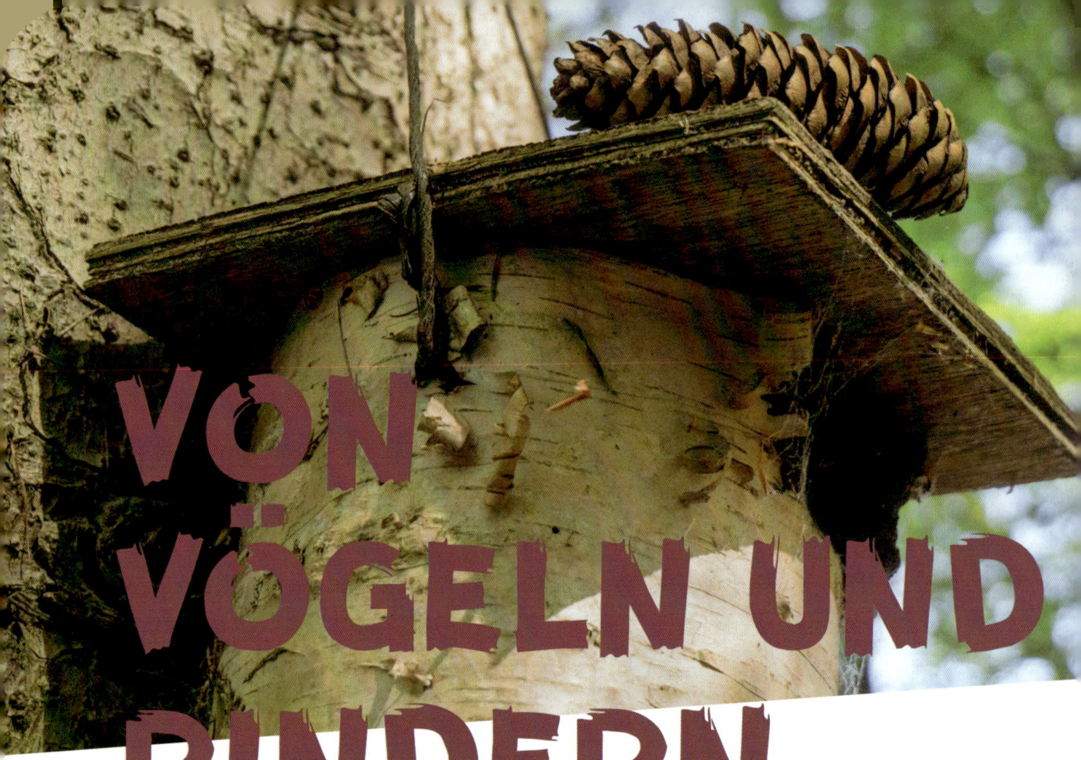

# VON VÖGELN UND RINDERN

... Wanderung um Heiligenhaus

#39

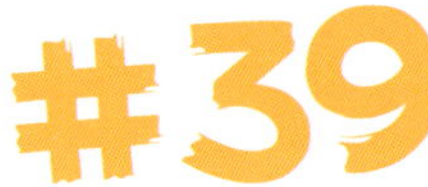

*Das klangvolle Vogelsangbachtal ist den wenigsten ein Begriff. Schade eigentlich, denn hier am Rinderbach (ja, der heißt wirklich so!) in Heiligenhaus ist es außergewöhnlich malerisch und grün. Perfekt für eine Wanderung in der nahen Idylle!*

 #Naturpur #GrünGlück #dieRindersindlos #Neanderland #Wanderstimmung

Dort wo Rinder im Wasser planschen und Vogelgesang die Wanderung begleitet, befindet sich das romantische Vogelsangbachtal in Heiligenhaus. Eine Wanderung startet man am besten am Parkplatz und dem dazugehörigen Reiterhof Rossdelle oder etwas eher an der Bushaltestelle.

Von da aus geht es steil bergauf in den Wald, und schon nach einigen Schritten stellt sich ein friedliches Gefühl ein. Parallel zum Weg verläuft der Rinderbach, der seinem Namen im weiteren Verlauf noch alle Ehre machen wird.

Am Farrenberg biegt man links ab und hat so einen schönen Blick auf die hügelige und landwirtschaftlich geprägte Landschaft und die sanften Anhöhen im Norden des Bergischen Landes. Der Weg durchs Tal ist auch Teil der Heligenhauser Runde, nur etwas ausgedehnter. Bis knapp zur Mündung des Rinderbaches wandert man nun rund sechs Kilometer Richtung Velbert. Hier entspringt der Rinderbach und mündet in Essen Kettwig in die Ruhr.

Zurück geht es auf dem Rundweg in Richtung Abtsküche vor den Toren der Stadt Heiligenhaus. Dies ist ein Name, der eng mit dem ehemaligen Benediktinerkloster Werden verbunden war. Zu sehen sind heute noch ein Wehrturm und das alte Fachwerkhaus des Hofes Hetterscheid sowie eine Scheune im

hinteren Bereich des Areals. Am Abtskücher Teich kann man relaxed auf einer der vielen Bänke im Schatten rasten. Weiter geht's wieder rein in den Wald und zum wunderschön gelegenen Café Herberge – der Name ist Programm, denn dieser Ort lädt zum Verweilen ein. Nach Kaffee und Kuchen wandert es sich gut gestärkt den steilen Berg hinauf.

Eine Erfrischung tut nach und während der Wanderung gut. Einfach mal die Füße in den Bach tauchen!

Verlassen darf man dieses Stückchen Idylle aber nicht ohne die fotogenen Rinder am Bach zu fotografieren. Wenn es sonnig ist und die Clique Lust auf ein Bad in dem nach ihnen benannten Bach hat, kann man hier schöne Fotos schießen.

Hat man den Berg erklommen, wird man mit einer fantastischen Aussicht auf Heiligenhaus belohnt. Hier ist übrigens auch die Süßmosterei Dahlbeck zu Hause (bester Apfelsaft!). Wenn noch Platz im Rucksack ist, unbedingt ein paar Flaschen mitnehmen.

Der Weg zurück zum Startpunkt führt wieder durch den Wald zum Parkplatz. Zur Haltestelle verläuft der Weg dann einfach geradeaus durch den Wald.

**FAZIT: WILLKOMMEN IN HEILIGENHAUS! ES WARTEN SANFTE ANHÖHEN, POSTKARTENMOTIVE UND EINE AUSGEPRÄGTE NATUR AUF ALLE BESUCHER.**

---

**Hin & weg:** Parken am Parkplatz Rossdelle. Mit den öffentlichen Verkehrsmitteln mit der S6 Richtung Essen Hbf bis Kettwig, von da aus mit Bus 774 bis zur Haltestelle Heiligenhaus Talburg. Dann ist es noch 1 km zu Fuß.

**Beste Zeit:** April bis September.

**Dauer & Strecke:** Die Wanderung umfasst knapp 14 km und man sollte einen halben Tag einplanen.

**Ausrüstung:** Equipment für eine Wanderung und viel Wasser!

---

# GLITZERNDE HIMMELS-LICHTER

*Ganz gleich, ob von romantischer Sehnsucht oder von astronomischer Wissbegier angetrieben: Wer mit wenig Lichteinstrahlung Sterne gucken möchte, ist auf dem Rheindeich in Orsoy bestens aufgehoben. Unbedingt das Fernglas und die Decke einpacken – dieser Abend wird spannend!*

#Sternegucken #nichtnurfürHobbyAstronomen #MeerderStille

Orsoy liegt am linken Niederrhein gegenüber dem Duisburger Stadtteil Walsum. Übersetzt bedeutet das Wort »Orsoy« (gesprochen: im Dialekt kurz und hart »Oschau«) in etwa so viel wie Pferdewiese.

Orsoy ist nicht nur als perfekte Location zum Sternegucken interessant, sondern auch wegen der Rheinpromenade und seiner Festungsmauern – Orsoy wird nämlich in großen Teilbereichen von einer mittelalterlichen Stadtmauer mit vier Stadttoren umgeben. Außerdem kann man mit einer Fähre (www.rheinfaehre-walsum.de) nach Duisburg-Walsum übersetzen.

Das heutige Ziel ist der kleine, aber feine Rheindeich mit Mini-Strand in Orsoy. Vom Parkplatz Hafendamm gelangt man über den Nordwall und dann über die Brücke Richtung Rhein in wenigen Minuten durch die Wiesen zum Rheinufer. Dafür am Ende der Brücke einfach links halten.

Der Strandabschnitt ist bei Jung und Alt gleichermaßen beliebt. Hier treffen sich Hundebesitzer, die mit ihren Lieblingen Gassi gehen, und auch junge Leute auf einen gemütlichen Abend. Der Sonnenuntergang ist fantastisch und unbedingt sehenswert.

---

**Hin & weg:** Am besten mit dem Auto bis Parkplatz Hafendamm in Orsoy.

**Beste Zeit:** Im Sommer, wenn es angenehm warm ist.

**Dauer:** Ein gemütlicher Abend am Rheindeich.

**Ausrüstung:** Astronomie-App, eventuell ein Buch zu den Sternbildern, Fernglas, Decke zum Hinsetzen, Proviant und warme Kleidung.

---

Der Rhein führt auch an ungewöhnlichen und unbekannteren Orten vorbei. Orsoy gehört definitv dazu und ist am Abend sehr idyllisch. Bepackt mit allem, was das Sterngegucken braucht, wird der Abend bezaubernd.

Am Rhein-Strand kann man die Decke ausbreiten und sich mit dem Sonnenuntergang auf die Dunkelheit vorbereiten. Zum Sternegucken ist Orsoy perfekt, durch die Abgeschiedenheit und wenig Lichteinstrahlung durch Städte und Industrie kann man an klaren Nächten mit vielen »Ahs« und »Ohs« staunen, was der Nachthimmel zaubert.

Am besten verfolgt man die Sterne mit einer App auf dem Smartphone (zum Beispiel mit der kostenfreien App SkyView Like) oder auch mit einem Buch, das noch mehr über die Sternbilder verrät. Puristen können einfach schweigen und genießen, aufgeweckte Sternenjäger machen sich mit App und Buch bewaffnet auf die Suche nach außergewöhnlichen Sternenformationen – jeder so, wie er es eben mag.

**FAZIT: STERNE FASZINIEREN JEDEN. IM SOMMER IST ORSOY AUCH PERFEKT FÜR DIE STERNSCHNUPPENNÄCHTE – WENN DER HIMMEL AUCH KLAR IST.**

# 3. KAPITEL – MINIURLAUB

#42

KAPITÄN AN LAND SEIN

#46

#41

#49

#50

#45

BERGISCHE TREPPENTOUR

#47

#43

#51

#52

IM HEU SCHLAFEN

#44

#48

## Ferien für ein Wochenende

# 36H

*Urlaub heißt, woanders aufzuwachen, zum Beispiel im Heu, auf dem Wasser oder im schönen Fachwerkhaus – perfekte Tipps für die Wochenenderholung!*

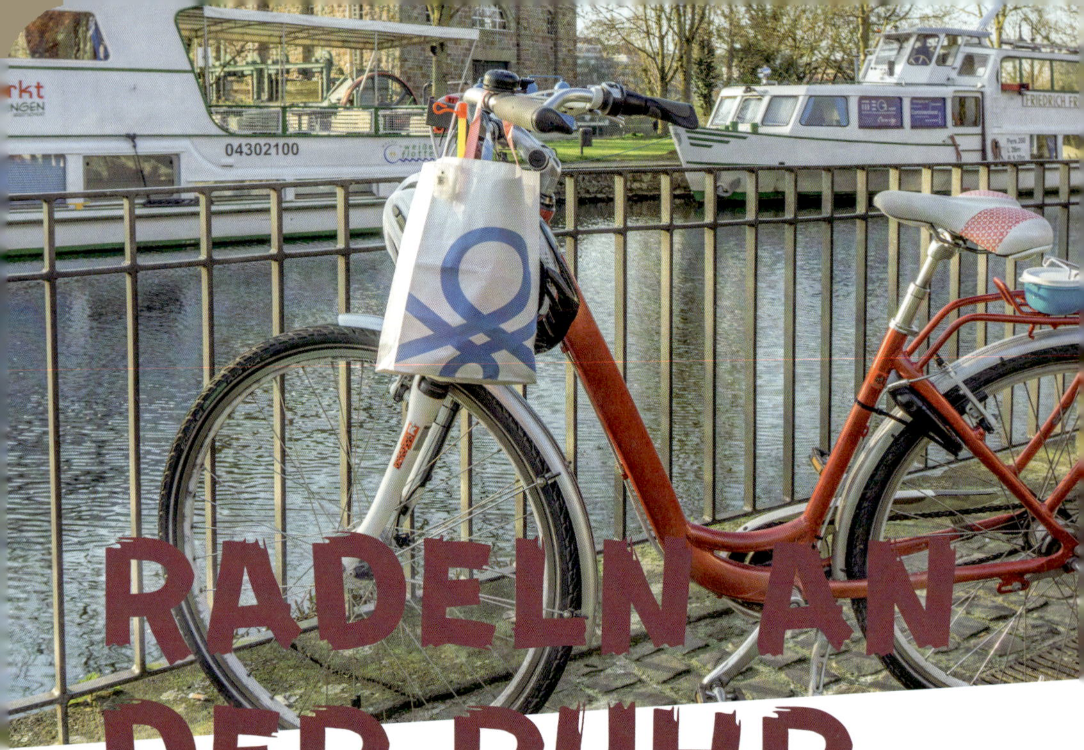


# RADELN AN DER RUHR

## ... von Essen nach Duisburg

# #41

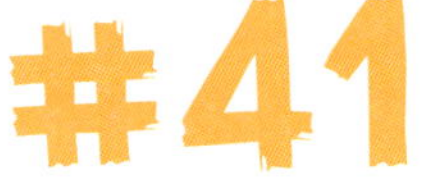

*Schlafen im Bauwagen – was für ein Event! An der schönen Ruhr mitten in Mülheim heißt es zwischen zwei Etappen einer entspannten Fahrradtour: Einchecken in eine ungewöhnliche Location! Das Übernachten in den Bauwagen macht Spaß und man ist mitten in der Natur.*



#Ruhrsprünglich #schlafenimBauwagen #durchdenRuhrpott

Für das Highlight dieser Eskapade muss man vorher ein wenig strampeln, dann hat man sich die Übernachtung im Bauwagen auch besonders verdient. Die Ruhr ist ständiger Begleiter und Mitfahrer auf dieser Route, die auf dem RuhrtalRadweg verläuft.

Gestartet wird am besten frisch gestärkt mit eigenen oder ausgeliehenen Rädern in Essen Kupferdreh. Der gut ausgebaute Weg verläuft mit einigen Ausnahmen direkt am Seeufer des Baldeneysees und an den Schienen der Heespertalbahn entlang. Der weitere Weg führt dann nach Essen-Kettwig, und der naturverliebte Radfahrer wird bei den schönen Fachwerkbauten mit Sicherheit große Augen machen. Wer eine Erkundung (unbedingt empfehlenswert!) einbauen möchte, überquert hier die Ruhr.

Nach einem erneuten Wechsel der Ruhrseite geht es auch schon in Richtung Bauwagenhotel. Man passiert die Mintarder Autobahnbrücke, die ein gerne geknipstes Fotomotiv ist, denn sie gilt als längste Stahlbrücke ihrer Art in Deutschland. Nun ist es Zeit für eine schöne und idyllische Übernachtung in einem der Bauwagen an der Ruhr. Zwischen Vogelgezwitscher und Flussgeräuschen schläft es sich in dieser außergewöhnlichen Location besonders gut! Wer noch Action braucht, leiht sich flott ein Kanu und erkundet die Ruhr.

Nach einem Frühstück startet man am nächsten Tag auf den letzten Kilometern des Ruhrtal-Radwegs in Richtung Duisburg durch die Stadt

Bei dieser Fahrradtour kann man sich viel Zeit lassen! Auf dem Weg nach Duisburg warten viele Plätze, an denen es sich lohnt zu verweilen.

Mülheim. Hier gibt es sehr viel unberührte Natur, denn nur ein kleiner Teil des Ruhrufers ist bebaut. Es lohnt sich, hier einen Abstecher in die Innenstadt von Mülheim zu machen.

Am Wasserbahnhof kann man mit der weißen Flotte (www.muelheim-tourismus.de) die Perspektive wechseln und über die Ruhr zurück nach Kettwig schippern oder einfach ein wenig spazieren gehen. Auch ein Abstecher zur historischen und malerischen Stadthalle ist empfehlenswert. Am kleinen Stadthafen gibt es zudem gute Restaurants wie das Manducare (www.manducareburger.de), das Burger mit Fleisch aus artgerechter Haltung mit Biobrot serviert.

Weiter geht's nach Duisburg, und auf der Strecke sieht man extrem wenig Industriebauten, sondern fährt durch schöne, fast unversehrte Landschaften. Von Ruhrpott ist hier keine Spur mehr.

In Duisburg mündet die Ruhr, die dem RuhrtalRadweg ihren Namen verleiht, in den Rhein, und die Kohlenpottmetropole Duisburg bietet mit dem Innenhafen einen perfekten Abschluss. Bei einem Glas Wein oder einem kühlen Getränk kann man das maritime Flair hier gut genießen, bevor es wieder auf die Rückreise geht.

**FAZIT: WER AUßERGEWÖHNLICHE ÜBERNACHTUNGEN MAG, WIRD DIESE NACHT IM BAUWAGENHOTEL GARANTIERT LIEBEN.**

---

**Hin & weg:** Start am alten Bahnhof in Kupferdreh (hier stehen eventuell Fahrräder an der Stationsnummer 7518). Ende der Tour ist der Innenhafen in Duisburg (Räder abgeben an den Stationen 7407 oder 7433). Von hier aus sind es knapp 30 Min. zu Fuß zum Duisburger Hbf oder man fährt noch mit dem Rad.

**Beste Zeit:** Ab Juni bis Ende August. Das Bauwagenhotel öffnet meist ab Mai.

**Dauer & Strecke:** 40 km lange Fahrradtour (ca. 4 Std. Fahrzeit) mit einer Übernachtung und Sightseeing.

**Ausrüstung:** Eigene Fahrräder oder Leihräder von www.metropolradruhr.de, hierfür den Standort der Räder vorher checken. Es ist nicht möglich, Räder zu reservieren.

**Wenn es Nacht wird:** Übernachtet wird stilecht im Bauwagen an der Ruhr (www.kanu-kettwig.de). Jeder Bauwagen hat einen Grill und eine kleine Küche, also unbedingt Proviant auf dem Weg besorgen, denn in der Nähe gibt es keine Einkehrmöglichkeiten.

---

www.hausboot-sonneninsel.de
floatinghouse.de
floatinghous

# HAUS AUF SEE

## #42

*Wenn die Sonne morgens auf der Wasseroberfläche glitzert und von Weitem die Vögel rufen, dann weiß man, dass man am richtigen Fleck ist. Auf dem vor Anker liegenden Hausboot startet sich der Tag irgendwie entspannter und leichter. Perfekt für einen Ausflug zur Bislicher Insel – die keine Insel ist.*

#aufdemWasserschlafen #vonNordseezurSüdsee #KaribikFeeling

Nach dem Einchecken auf dem eigenen Hausboot sollte man die Natur und das neue Erlebnis erst ein wenig genießen und tief durchatmen – denn Xanten ist ein Luftkurort. Jetzt heißt es: sich an Deck in einen der Strandkörbe schmeißen, die Füße ins Wasser halten, die Nordsee umrunden oder auf einem der SUPs die Xantener Nordsee erkunden. Zum Abendessen kann man am Mini-Hafen der Nordsee einkehren, hier warten zwei Restaurants.

Am zweiten Tag wird sich wahlweise auf ein Fahrrad geschwungen oder die Region bei einem 14 Kilometer langen Spaziergang zu Fuß erkundet. Der Ausgangspunkt ist natürlich die Xantener Nordsee. Vorbei geht es auch an der Xantener Südsee, die mit einem Strandbad und vielen Wassersportmöglichkeiten im Sommer zahlreiche Besucher anlockt. Der weitere Weg führt am Römermuseum vorbei und man kann einen Blick auf den Hafentempel erhaschen. Nach wenigen Minuten zeigt sich schon die schöne historische Innenstadt von Xanten. Restaurants und Cafés laden ein zu einer gemütlichen Rast, bevor es weiter in Richtung Bislicher Insel geht. Vorbei an Feldern und Landwirtschaft merkt man schnell, wie sich das Bild verändert und die Landschaft immer »ruhiger« wird.

In einem ehemaligen Gehöft in der Mitte der Insel befindet sich ein Besucherzentrum, welches die Dauerausstellung AuenGeschichten beherbergt. Ein Besuch ist absolut empfehlenswert! Von hier aus geht es dann in das Naturschutzgebiet Bislicher Insel, das nur mit dem Fahrrad oder zu Fuß erreicht werden kann. Der 1200 Hektar große Landschaftsraum Bislicher Insel am linken Niederrhein zwischen Xanten und Wesel liegt in einer Alt-

Ob römische Spurensuche, Vogeltouren oder Relaxen auf dem Wasser. In und um Xanten ist so einiges los! An einem Wochenende ist kaum alles zu schaffen, aber vielleicht bleibt man auch einfach etwas länger?

rheinschlinge. Den Inselcharakter – und den Namen – bekam sie, als um 1786 der Rhein durch den Bislicher Kanal im Norden begradigt wurde. Viele Vogelarten, auch solche, die vom Aussterben bedroht sind, finden hier einen idealen Lebensraum. Vom Aussichtsturm auf der Bislicher Insel kann man das komplette Areal und diese einzigartige Tier- und Pflanzenwelt überblicken. Viele Fotografen legen sich im Morgengrauen auf die Lauer.

Hat man die Bislicher Insel erkundet, lockt noch ein Abstecher mit der Fähre auf die andere Rheinseite in die Rheinauen. Für den Rückweg gibt es zwei Möglichkeiten: Entweder läuft man die Route wieder zurück zur Xantener Nordsee oder man nimmt den Bus SL40 in Richtung Xantener Innenstadt. Hier kann man den Tag ausklingen lassen und später wieder auf das Hausboot zurückkehren.

Wenn am nächsten Tag noch Zeit ist, lohnt sich die Erkundung des Römermuseums. Einst war das Gelände die Schaltzentrale der römischen Macht im rechtsrheinischen Germanien. Von hier aus wurde die Eroberung des gesamten Gebietes geplant und betrieben.

**FAZIT: EIN ABWECHSLUNGSREICHER KURZURLAUB, DER SOWOHL AM WASSER ALS AUCH IM NATURSCHUTZGEBIET MIT NEUEN PERSPEKTIVEN ÜBERZEUGT.**

**Hin & weg:** Zur Xantener Nordsee kommt man gut mit dem Auto, jedes Hausboot hat auch einen eigenen Parkplatz. Mit dem Bus fährt man vom Bahnhof Xanten mit der Linie SL42 in 20 Min. zur Haltestelle Dahmenhofweg.

**Beste Zeit:** Zu jeder Jahreszeit schön! Im Sommer kann man schwimmen, im Winter locken die Graugänse Besucher an.

**Dauer & Strecke:** Ein Wochenende oder auch ein paar Tage länger inklusive einer Wanderung von 14 km.

**Ausrüstung:** Gepäck für eine Wanderung zur Bislicher Insel (www.rvr.ruhr), eventuell Fahrräder und Badesachen im Sommer.

**Wenn es Nacht wird:** Hier übernachtet man am besten stilecht auf einem der vielen schönen Hausboote an der Xantener Nordsee. Jedes Hausboot wird individuell vermietet, auf der Seite www.hausboote-xanten.de kann man die Verfügbarkeiten abfragen. Aber Achtung: Die Hausboote sind früh ausgebucht.

# KUSCHELIGE BEGEGNUNG

## … auf dem Alpaka-Hof in Niederkrüchten-Laar

*Schier unendliche Weiten, Wiesen, Wälder und Hofflächen sowie viele flauschige Alpakas warten in der AlpacaView-Lodge auf einen Besuch in der Natur. Bei einer Übernachtung und Wanderung ist man den kuscheligen Herzensbrechern ganz nah.*

#TierschutzHof #AlpakaWanderungen #fürTierliebhaber #DesignFaible

Es gibt nur wenige Momente, die an Flauschigkeit zu übertreffen sind. Wer sich die komplette Dosis Alpaka abholen möchte, wird für ein paar Tage einfach Teil des Tierschutzhofes.

Im beschaulichen Örtchen Niederkrüchten-Laar auf einem ehemaligen Gestüt befindet sich eine kleine Oase der Stille und Friedlichkeit. Die Besitzer Silke und Fred Eschmann haben hier in den letzten Jahren einen eigenen Tierschutzhof aufgebaut. Die verschiedensten Tiere finden hier ein neues Zuhause und eine zweite Chance bei den liebevollen Besitzern. Eine echte Herzensangelegenheit!

Schon von Weitem hört man die Ziegen, Enten und Hühner herzlich grüßen, auch die Hunde und Katzen sind freundlich gestimmt. Die beiden Esel Herbert und Heinz freuen sich über ausgiebige Streicheleinheiten. Die nicht ganz so heimlichen Stars der AlpacaView-Lodge sind aber – wie es der Name schon verrät – die vielen wolligen Alpakas auf dem Hof. Das Highlight eines Aufenthaltes in der Natur des Niederrheins ist auf jeden Fall eine Alpaka-Wanderung mit den süßen Tieren, die fast alle Namen aus der magischen Harry-Potter-Welt tragen. Einer Begegnung mit Hagrid, Minerva und Harry steht also nichts im Wege.

Drei Stunden dauert die geführte Wanderung durch das heimische Naturschutzgebiet, Felder und an den Hariksee. Jeder Teilnehmer führt ein eigenes Tier an einer Leine mit sich. Das geht natürlich nicht ohne eine Einweisung vor dem Spaziergang mit wichtigen und interessanten Fakten über die Altweltkamele.

Alpakas sind Herdentiere, fühlen sich also in der Gruppe am wohlsten und mögen es nicht, wenn man ihnen zu nahe kommt. Allerdings freuen sich die ruhigen und freundlichen Geschöpfe nach einer kurzen Eingewöhnung über einen wohlverdienten Auslauf in der Natur.

Mit Blick auf die weitläufigen Weiden der Alpakas schläft es sich hier besonders gut. Die drei modern-stylischen Ferienwohnungen auf dem niederrheinischen Verkanthof aus dem Jahr 1910 sind auf eine bis fünf Personen ausgelegt und haben einen unverkennbaren und außergewöhnlichen Stil.

Auf dem Gelände des ehemaligen Reitergestüts kann man die Seele baumeln lassen und den Reset-Knopf drücken. Ganz oft gesellen sich einige Tiere dazu und versüßen einem den Aufenthalt noch mehr. Versprochen!

**Hin & weg:** Von Viersen Bahnhof mit dem Bus RE 88 Richtung Bürgen Zentrum. Umsteigen in Niederkrüchten Lindbruch in den Bus 011 bis Niederkrüchten Laar. Wer mit dem Auto anreist, kann auf dem Hof parken.

**Beste Zeit:** Die Alpaka-Wanderungen finden das ganze Jahr über statt und müssen (auch bei Übernachtung) vorher angemeldet werden. Ob Winter oder Sommer, die Tiere haben immer Lust auf einen Spaziergang in der Natur.

**Dauer:** Ob eine Übernachtung oder auch zwei, auf dem Tierschutzhof wird es nicht langweilig. In der Umgebung gibt es viele Wanderwege und auch die Möglichkeit, Kanu zu fahren.

**Ausrüstung:** Was man für ein Wochenende in der Natur benötigt. Am besten auch festes Schuhwerk für die Wanderung, je nach Wetter kann der Boden feucht sein.

**Wenn es Nacht wird:** Bei einer Übernachtung in der AlpacaView-Lodge (www.alpacaview-lodge.com) sollte man einfach mal der Natur lauschen. Ruhiger und entspannter kann es kaum sein.

**FAZIT: EIN BESUCH IN DER ALAPACAVIEW-LODGE IST, WIE ES DIE BESITZER VERSPRECHEN, EIN RUNDUM-GLÜCKLICH-PAKET!**

# DIGITAL DETOX

 … im Kloster Langwaden 

## #44

*Es gibt Wochenenden, an denen möchte man einfach mal abschalten, das Handy zu Hause lassen und aus der hektischen Welt fliehen. Ein Miniurlaub im Kloster ist da eine hervorragende Gelegenheit, um zu sich zurückzukehren.*

#RuheundEinkehr #Abschalten #Klosterleben #sichbesinnen #Stillefinden

Egal ob Pilger, Ruhesuchende oder Neugierige – viele quartieren sich im Kloster Langwaden ein. Eine der Routen zum Jakobsweg führt am Kloster vorbei, und auch jene, die schlicht und einfach mal für sich sein wollen, kommen hierher.

Geht man über die Brücke und den Wassergraben auf das Gelände, betritt man gleichzeitig eine neue Welt. Bereits seit dem 12. Jahrhundert findet hier klösterliches Leben statt, unterschiedliche Spuren der Vergangenheit erwarten den Besucher.

Wer im Kloster Langwaden übernachtet, wird schnell feststellen, wie gut Stille tut. Das Handy kann hier gerne mal in der Tasche bleiben. Bei einem Aufenthalt bekommt man einen guten Einblick in das klösterliche Leben. Zusammen wird in der Gemeinschaft gearbeitet, gebetet und gelebt. Sollte das Schweigen zu anstrengend werden, wird auch ein Austausch mit den Mönchen angeboten, die

---

**Hin & weg:** Am besten mit dem Auto anreisen. Mit den öffentlichen Verkehrsmitteln ab Neuss Hbf mit RB39 bis Kapellen-Wevelinghoven, zu Fuß zur Haltestelle Grevenbroich Kapellen Post und umsteigen in Bus 877 bis Kloster Langwaden.

**Beste Zeit:** Im Sommerhalbjahr, dann kann man vom Kloster aus an der Erft auch wunderbar wandern.

**Dauer:** So viele Übernachtungen, wie man zum Abschalten braucht.

**Ausrüstung:** Vielleicht bleiben das Handy und der Laptop mal zu Hause? Mit einem guten Buch macht man nichts falsch.

**Wenn es Nacht wird:** Übernachten und essen im Kloster (www.klosterlangwaden.de). Die einfachen Zimmer sind auf Pilger ausgerichtet und für Bescheidene ideal.

---

Im Kloster kommt man sich selbst mal wieder ein wenig näher. Entspannung und Einkehr gehören hier zum Tagesprogramm. Neben ausgiebigen Wanderungen ist das vielleicht auch der perfekte Zeitpunkt, um ein Projekt anzufangen, für das man in den eigenen vier Wänden keine Ruhe hat?

spirituelle Impulse geben. So werden hier gemeinsam Schriften betrachtet oder Psalmen diskutiert – natürlich nur, wenn der Besucher das auch wünscht.

Raus ins Grüne: Auch ein Abstecher in die Natur gehört beim Digital-Detox mit dazu. Die Erft liegt nur wenige Hundert Meter entfernt und am Wasser kann man die Gedanken auch bestens ordnen. Wer mag, besucht das Schloss Hülchrath (www.schloss-huelchrath.de), das knapp zwei Kilometer entfernt ist. Aber auch das Klostergelände hat mit seinem Garten und schön angelegten Wegen das Potenzial für erholsame Stunden.

Essen kann man im Kloster Langwaden natürlich auch. Zum bioland-zertifizierten Klostergarten gehört auch eine bodenständige Gastronomie. Genießertipp: Im Kloster Langwaden kann man sich ein köstlich frisches Klosterbier oder eine Leckerei aus der Küche mit Blick auf den Park gönnen.

**FAZIT: DIGITAL DETOX BEDEUTET, SICH AUF DAS SELBST ZU KONZENTRIEREN UND ELEKTRONISCHE GERÄTE ZU MEIDEN. HIER IM KLOSTER LANGWADEN GEHT DAS BESONDERS GUT!**

Die ruhige Atmosphäre steckt an! Von April bis Oktober lädt zudem ein kleiner Biergarten zur Rast ein, einige Zutaten für die schmackhaften Gerichte werden direkt im Klostergarten angebaut.

# UNTER NATUR-SCHUTZ

## … an den Krickenbecker Seen

*Ursprünglicher geht es kaum mehr! Der Naturpark Krickenbecker Seen besticht nicht nur mit seiner Artenvielfalt, sondern auch mit seinen Möglichkeiten. Der Besucher entscheidet: Entspanntes Wandern oder Abenteuer auf dem Wasser!*

Wie ein Kleeblatt liegen die vier Krickenbecker Seen rund um das Wasserschloss Krickenbeck, das Kern und Namensgeber eines der ältesten (gegründet 1938) und größten Naturschutzgebiete Nordrhein-Westfalens ist.

Vor etwa 7000 bis 8000 Jahren, nach dem Ende der letzten Eiszeit, bildeten sich im heutigen Talverlauf der Nette ausgedehnte und sehr sehenswerte Sumpflandschaften. Daraus wiederum entwickelten sich Niedermoore mit mächtigen Torfschichten und Bruchwäldern. Die Krickenbecker Seen bestehen aus insgesamt vier Seen: Hinsbecker Bruch und Glabbacher Bruch sowie die noch etwas älteren Seen Poelvenn und Schrolik. Übrigens: Die Namenszusätze »-bruch« und »-venn« weisen auf die frühere Ausprägung als Niedermoor beziehungsweise Sumpf hin.

Wer Camping mag, wird die Zeit an den Krickenbecker Seen lieben! Um die Seen gibt es viel zu entdecken und eine Menge Action. Wie wäre es zum Beispiel mit einer Dämmerungswanderung rund um den See?

Kanu- und Paddelbootfahrten sind die beliebtesten Freizeitaktivitäten in der Region Maas-Schwalm-Nette. Auch die Radfahrer kommen hier definitiv nicht zu kurz. Das Radwegenetz ist hervorragend ausgebaut und auch für E-Bike-Fahrer finden sich genügend Ladestationen.

Sagenhafte 145 Kilometer ausgeschilderte Wanderwege warten am Niederrhein. Wanderfreunde können zwischen Premium-Wanderwegen, Rundwanderwegen und Naturlehrpfaden wählen und je nach Interesse und Fitnesslevel entscheiden, was zum eigenen Typ passt.

Als Ausgangspunkt für Streifzüge durch die Wasser- und Heidelandschaft bietet sich das umfangreiche Informationszentrum Krickenbecker Seen an. Hier erfährt man unter anderem, dass die vielen Vogelarten die Region als ständigen Lebensraum, als Rastplatz oder als Winterquartier wählen. Zu Spitzenzeiten konnte die Biologische Station der Krickenbecker Seen im Winter schon mehr als 1000 Gänse zählen. Vor dem nahegelegenen Infozentrum gibt ein Aushang immer einen aktuellen Überblick über Art und Anzahl der gefiederten Seebewohner. In den Krickenbecker Seen schwimmen Fische wie Karpfen, Hechte und verschiedene Arten von Weißfischen - sie sind die feuchten Bewohner der Region.

Wenn man wie an einem Wochenende etwas Zeit mitbringt, sollte man dem grünen oder dem blauen Rundweg (7,3 oder 10,2 Kilometer) folgen und auf einer abwechslungsreichen Tour zu Fuß oder mit dem Rad das Naturschutzgebiet Krickenbecker Seen erkunden. Am De Wittsee unweit vom Campingplatz liegt der Ausgangspunkt des gelbbraunen Rundwegs um den See. Der schmale Weg führt zunächst am See vorbei. Hinter einem Verlandungsbereich mit Röhrichtflächen am Nordufer des Sees wird die Nette überquert. Auf der östlichen Uferseite liegt ein Waldstück mit Rotbuchen.

**FAZIT: EGAL OB CAMPING AUF PROBE ODER VERSIERTER ALTER CAMPINGHASE – IN DER REGION UM DIE KRICKENBECKER SEEN KOMMT JEDER AUF SEINE KOSTEN.**

---

**Hin & weg:** Zu den Krickenbecker Seen kommt man gut mit dem Auto, zum Campingplatz De Wittsee auch mit dem RE 13 ab Düsseldorf nach Venlo bis Kaldenkirchen und dann weiter mit dem Bus 95 nach De Wittsee.

**Beste Zeit:** Sommermonate!

**Dauer:** Ein paar Nächte oder auch ein längerer Urlaub.

**Ausrüstung:** Camper kommen natürlich mit der kompletten Ausrüstung. Auch ein Fahrrad ist für die Region angebracht. Ansonsten alles, was man für einen Kurzurlaub in der Natur benötigt.

**Wenn es Nacht wird:** Der Campingplatz De Wittsee (www.camping-dewittsee.de) ist einerseits für Campingliebhaber optimal, aber auch für Nicht-Camper durch seine Mietchalets interessant. Hunde sind hier übrigens ausdrücklich erwünscht. Zu den eigentlichen Seen kommt man schnell mit einer Wanderung.

---

# PILGERN AUF PROBE

… am Niederrhein von Kamp nach Kempen

*Sich der Natur bewusst werden, neue Wege entdecken und Körper und Geist stärken. Das alles ist Pilgern. Zwischen dem malerischen Kloster Kamp und der urig-historischen Stadt Kempen gibt es einen schönen Pilgerweg, der vom Kloster Kamp entworfen wurde.*

#Idylle #Gedankensammeln #überStockundStein #KlostertrifftMittelalter

Nicht jede Kirche und jedes Kloster ist gleich, das wird den Pilgern auf dem Weg schnell klar.

###BU

Wer pilgert, unternimmt eine Reise zu einem besonderen und meist heiligen Ort. Dafür ist man längere Zeit unterwegs, in der Regel zu Fuß. Doch auch ohne religiösen Hintergrund ist diese Eskapade das Richtige, um den Alltag zu vergessen.

Der Startpunkt ist das wunderschöne Kloster Kamp in Kamp-Lintfort. Im Jahre 1123 gegründet, war dies das erste Zisterzienserkloster im deutschsprachigen Raum. Ein echter Eyecatcher ist der Terrassengarten, der als einer der schönsten am Niederrhein gilt. Auch der Kräutergarten ist prämiert und beherbergt eine Fülle an Exoten und vergessenen Kräutern. Nach einer stressigen Arbeitswoche abends angereist, entspannt man ein wenig, bevor man sich am zweiten Tag auf den Weg nach Kempen macht.

Am nächsten Morgen beginnt das Pilgern auf Probe. Ausgangspunkt ist das Kloster Kamp – ganz nach alter Tradition startet man von einem geistlichen Ort aus. Verlässt man Kamp-

Eine Rast an den Feldern auf dem Weg ist eine gute Idee! Denn idyllischer kann man kaum picknicken.

Lintfort, geht es erst einmal vorbei an breiten Feldern und dem Oermter Berg in Richtung der Stadt Rheurdt. Hier steht etwas versteckt im Wald und neben dem hiesigen Campingplatz die schöne Rheurdter Mühle.

Durch den Wald führt der Weg weiter zum Windpark. Von der kleinen Anhöhe Schardenberg hat man einen ausgezeichneten Blick auf die vielen Windkrafträder, die typisch für die Region sind. Am Wegesrand wachsen im Sommer blutrote Mohnblumen, die den Feldern einen Farbtupfer verleihen.

Der weitere Weg führt über einen Naturpfad Richtung Stenden. Die beeindruckende Pfarrkirche St. Thomas in Stenden, die neben einer mit Wasser gefüllten Kiesgrube und der Stendender Mühle liegt, sticht mit ihrer Größe für eine Stadt mit 12 524 Einwohnern besonders deutlich heraus.

Hier lässt es sich unter den hohen Bäumen ein wenig entspannen und durchatmen. Entweder nimmt man sich hier Zeit für ein kleines Picknick mit eigenem Proviant oder besucht den nahegelegenen Naturhof Beyen (www.naturhof-beyen.de) mit seinem Café. Frisches Brot sowie hausgemachte Kuchen und Torten stärken für den Rest der Tour.

Mehr als die Hälfte des Weges ist bereits geschafft und die letzte Etappe führt jetzt schnurstracks nach Kempen in die historische Altstadt, die von einer Stadtmauer sowie Wall- und Grabenanlage ringförmig eingefasst ist. Kempens mittelalterlicher Teil ist einzigartig und pittoresk. Winkel und Gassen, verträumte Blumeninstallationen und die alten

---

**Hin & weg:** Haltestelle Kloster Kamp, mit Linie 32 nach Moers oder dem SB 30 nach Geldern, die Kempener Altstadt ist in der Nähe des Bahnhofs.

**Beste Zeit:** Juni bis August, dann steht die Natur in voller Blüte und auch einem gemütlichen Abend im Freien steht kaum etwas im Wege.

**Dauer & Strecke:** Die Pilgerroute ist knapp 30 km lang und an einem Tag machbar, am ersten Tag übernachtet man nahe dem Kloster Kamp und am darauffolgenden in der Kempener Altstadt.

**Ausrüstung:** So wenig wie möglich, Wanderschuhe und ein Rucksack, mit dem man 30 km laufen kann.

**Wenn es Nacht wird:** In der Nähe des Klosters Kamp befindet sich das Wellings Parkhotel (wellings-parkhotel.de), zu Fuß ist man in 20 Min. am Kloster. In Kempen sollte man auch in der Altstadt übernachten, denn abends ist es besonders leer. Das Hotel Alt Kempen (www.altkempen.de) besticht mit Gemütlichkeit.

---

Wunderschönes Fachwerk und eine belebte Altstadt sind der krönende Abschluss dieser Eskapade.

Fachwerkhäuser markieren das Ende des Probepilgerns.

Den Abend lässt man am besten auf dem Buttermarkt nahe des Kuhtors in einem der schönen Lokale ausklingen und besichtigt am nächsten Tag die Kempener Burg. Und da das Pilgern auch an einem geistlichen Ort beendet werden sollte, ist außerdem ein Besuch der gotische Hallenkirche St. Mariae Geburt am nächsten Tag obligatorisch. In diesem Sinne: Gehen ist des Menschen beste Medizin!

**FAZIT: PILGERN MACHT SPAß. MIT DEM START AM KLOSTER KAMP UND ZIEL IN KEMPEN HAT MAN DEN PERFEKTEN RAHMEN, UM INS PILGERLEBEN ZU SCHNUPPERN.**

2006 / 2016
VERGEBEN
SCHLECHTES GEWISSEN
BESCHÜTZEN
JAUCHZEN
EHRE
FAMILIE
ERSCHRECKEN
ANGST
UNSCHULD
HEIMAT
LIEBKOSEN
WARMEN
MUTTER
STREICHEL

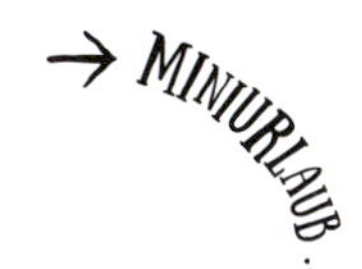


# VON DER TRASSE ZUM TREPPCHEN

*Wow, Wuppertal ist so grün! In der städtischen Natur von Wuppertal erheben sich knapp 500 öffentliche Treppen mit über 12 283 Stufen. Wem das zu schweißtreibend ist, der kann auf der Norbahntrasse auf 23 Kilometern ganz ebenerdig cruisen. Die Mischung macht's!*

#Schwebebahn #überdieWuppergehen #bergisch #Utopiastadt

Bei einem Wochenendtrip nach Wuppertal kann man die bergische Stadt ganz entspannt erkunden. Denn Wuppertal ist mit seiner berühmten Schwebebahn grüner, als man denkt. Mit dem Rad oder auch zu Fuß kann man hier viel erkunden!

Die Nordbahntrasse ist ungefähr 23 Kilometer lang und verbindet die beiden Stadtteile Vohwinkel und Oberbarmen miteinander. Auf der ehemaligen Eisenbahnstrecke kann man einmal längs das Wuppertal durchqueren. Und das geht zu Fuß, auf dem Drahtesel oder den Inlineskates. Am Projekt Utopiastadt direkt an der Norbahntrasse sind echte Visionäre beteiligt, wer kein Fahrrad hat, kann sich hier kostenlos ein Rad gegen Pfand ausleihen. Was hier stattfindet, ist einfach zu beschreiben, es handelt sich um kreative Stadtentwicklung, und moderne Ideen, die hier Umsetzung finden.

An der Trasse kann man auch im futuristischen Café Hutmacher relaxen und sich am aus Büchern gemachten Tresen einen Kaffee

---

**Hin & weg:** Mit dem Zug bis zum Hbf Wuppertal. Viele Ecken kann man hier einfach erlaufen. Ansonsten gibt es auch gute Busverbindungen und natürlich die Schwebebahn.

**Beste Zeit:** Ganzjährig schön!

**Dauer:** Für eine Nacht oder direkt ein Wochenende. Zu sehen gibt es in Wuppertal allerhand!

**Ausrüstung:** Fahrrad, Inlineskates, Tretroller und vor allem die eigenen Füße. Fahrräder können in der Utopiastadt (www.clownfish.eu) geliehen werden.

**Wenn es Nacht wird:** In Wuppertal übernachtet man am schönsten im stilvollen Fachwerk Hotel (www.fachwerk-hotel-wuppertal.de) etwas außerhalb in Barmen. Das Gebäude, in dem sich heute das Fachwerk Hotel befindet, hat eine lange Geschichte. Es ist ein zweigeschossiges, teilweise verschiefertes Fachwerkhaus des späten 18. Jahrhunderts.

---

Das Bergische Land überrascht immer wieder mit seinen vielen Facetten. Hier in Wuppertal kann man den Kontrast zwischen Stadt und Natur besonders gut genießen. Zum Beispiel beim Blick vom Hügel der Universität.

bestellen. Die Nordbahntrasse ist übrigens ebenerdig und kommt ganz ohne Treppen oder Steigungen aus.

Apropos Treppen: Wuppertal wird auch die Stadt der Treppen genannt! Durch das Tal schlängelt sich die Wupper, und um die Berghänge mit den 95 Metern Höhenunterschied auszugleichen, baute man Treppen. Die wohl berühmteste und farbenfrohste Treppe ist die Holsteiner Treppe an der Kreuzung Gathe-, Wiesen- und Uelendahler Straße.

Der Star unter den ganzen Treppen ist aber auf jeden Fall das Tippen-Tappen-Tönchen. Ungewöhnlicher Name? Definitiv. Hierbei handelt es sich auch um eine Treppe zwischen Am Kasinogarten und Zimmerstraße im szenigen Luisenviertel. Der Name beschreibt das Geräusch, das beim Treppensteigen mit den früher getragenen Holzschuhen entstand.

Genug von Treppen und Lust auf etwas Grün? Dann sollte man am zweiten Tag unbedingt die Gegend rund um Arrenberg erkunden. Der Arrenberg ist ein geschichtsträchtiges Viertel von Wuppertal. Die Wupper durchkreuzt das Viertel und die damalige Textilindustrie war hier versammelt. Der Fluss war der Ankerpunkt für die Industrie, denn die großen Färbereien waren um das Ufer angesiedelt. Im Arrenberg herrscht dank dieser Industrie eine kleine Besonderheit: Die Wohnungen auf dem Arrenberg könnten nämlich unterschiedlicher nicht sein. Neben pompösen Fabrikantenvillen findet man ganz einfache Wohnhäuser und kleine Restaurants. Hoch hinaus geht es hier auch, denn von den Haltestellen Pestalozzistraße und Robert-Daum-Platz kann man mit der Schwebebahn in luftige Höhen steigen.

Abends kommt man am besten für einen Sundowner zur Bergischen Universität Wuppertal. Der Ausblick vom oberen Hang ist perfekt für jene, die Weitblick über die Stadt lieben. Im Sommer findet hier auch einmal im Jahr ein Streetfood-Festival statt.

**FAZIT: NICHT NUR FÜR AKTIVE IST DIESE ESKAPADE PERFEKT, SONDERN AUCH FÜR JENE, DIE GERNE EINEN STÄDTETRIP MIT VIEL NATUR VERBINDEN.**

# SCHWEBEND ZEITREISEN

... rund um Schloss Burg in Solingen

*Rein in den Sessel und ab ins Mittelalter! Zwar geht man nicht über die Wupper, aber man schwebt über sie hinweg zum Schloss Burg. Auch der Müngstener Brückenpark und das Naturschutzgebiet rund um das Schloss sind perfekte Orte für Wanderungen und Erkundungen.*

#Burgromantik #bergischeSpezialitäten #Ausblicke #Wupperweg

Nur was für Schwindelfreie! Bei einer Fahrt mit der Seilbahn geht es hoch hinaus.

Ist man am Schloss Burg angekommen, sieht man von der Unterburg sofort die Seilbahn, die ohne Unterlass hoch zur Burg und wieder zurück schwebt. Wenn man schwindelfrei ist, sollte eine Fahrt mit der Seilbahn zur Oberburg unbedingt zum Pflichtprogramm gehören. Hoch hat man einen wunderbaren Blick auf das Schloss Burg, runter auf die Wälder des Bergischen Landes.

Eines muss man auf Schloss Burg unbedingt essen: eine bergische Waffel. Im Waffelhaus (www.waffelhausburg.jimdo.com) direkt an der Burg schmeckt die bergische Waffel mit Milchreis und heißen Kirschen besonders gut! Auch eine bergische Kaffeetafel mit allem Drum und Dran gibt es hier.

Gut gestärkt steht einer Burgerkundung nichts mehr im Wege. Um 1130 erbaut, erstrahlt Schloss Burg (www.schlossburg.de) nach dem Wiederaufbau 1890 in altem Glanz. Fast jeder Raum auf Schloss Burg kann besichtigt werden, und im Rittersaal, der Ahnen-

Für diesen Wanderweg ist ein wenig Ausdauer nötig, denn das Bergische Land hält, was es verspricht. Zur Belohnung gibt es am Ende eine leckere bergische Waffel mit Milchreis und Kirschen.

galerie, der Kapelle und dem Wehrgang gibt es einiges zu entdecken. Auch eine Wanderung in das Bergische Land und zum Müngstener Brückenpark startet man am besten hier. Nach einem teilweise sehr steilen Spaziergang durch die bergische Natur gelangt man nach fünf Kilometern zur Müngstener Brücke. 107 Meter hoch und 500 Meter lang, überspannt sie das enge Tal der Wupper.

Vom Brückenpark aus gesehen leuchtet die Fassade aus wetterfestem Stahl rostbraun. Hier ist der Ort für eine genussvolle Pause mit Blick auf die Brücke. Abenteuerlustige gelangen mit der einzigartigen Schwebefähre ans andere Ufer. Sie schwebt in geringer Höhe auf zwei Seilen 64 Meter weit über die Wupper. Dabei funktioniert sie wie eine Draisine und wird angetrieben von Muskelkraft. Wandert man weiter an der Wupper, überquert man am besten an der Napoleonsbrücke den Fluss. Auf der anderen Seite geht es wieder zurück zum Schloss Burg über einen Teil des Wupperwegs unter der Müngstener Brücke hindurch.

Wer noch Lust hat, das Bergische Land weiter zu erkunden, der kann von Schloss Burg dem 2,5 Kilometer langen Weg zur Sengbachtalsperre folgen. Eine Umrundung umfasst circa zehn Kilometer.

**FAZIT: EIN WOCHENENDE VOLLER NEUER EINBLICKE, BEI DENEN MAN NICHT NUR DIE BERGISCHE NATUR UND SCHLOSSKULTUR, SONDERN AUCH DIE LECKERE KÜCHE KENNENLERNT.**

Hin & weg: Um das Schloss Burg gibt es viele Parkplätze. Mit dem Bus (Nummer 683) kann man ab Solingen Bahnhof bis Solingen-Burg Brücke fahren. Von da aus sind es wenige Meter zum Hotel Zur Burgstiege.

Beste Zeit: Im Sommer oder Herbst der Hit. Ansonsten auch im Winter machbar, aber Vorsicht mit den steilen Wegen bei Eis.

Dauer & Strecke: Am besten ein ganzes Wochenende. Die Wanderung zur Müngstener Brücke und zurück zur Schloss Burg umfasst 12 km.

Ausrüstung: Kamera, Wanderschuhe.

Wenn es Nacht wird: Wenn man sich schon in ein mittelalterliches Abenteuer stürzt, sollte man auch in einem geschichtsträchtigen Haus wie dem Hotel Zur Burgstiege übernachten (www.zurburgstiege.de). Direkt am Serpentinenweg zum Schloss liegt das Fachwerkhaus aus dem Jahre 1665.

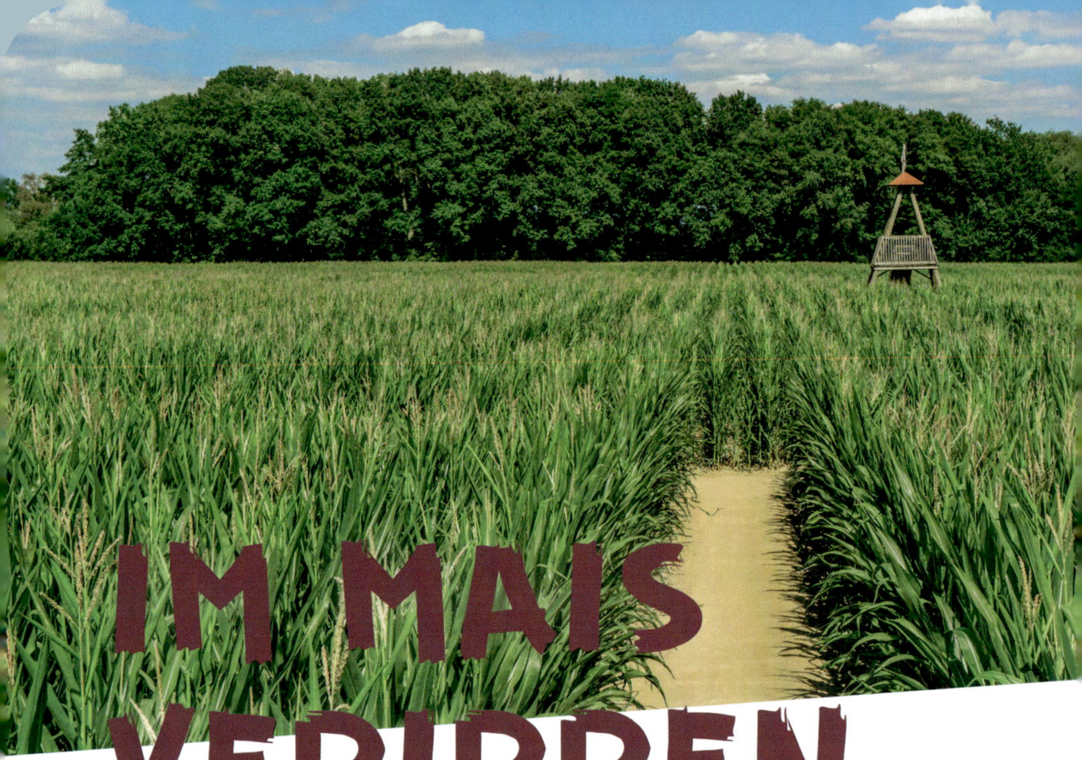

# IM MAIS VERIRREN

... in Wachtendonk

## #49

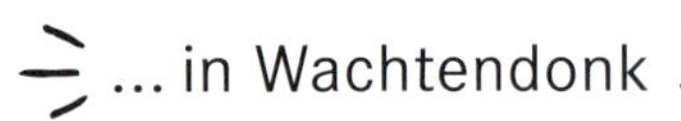

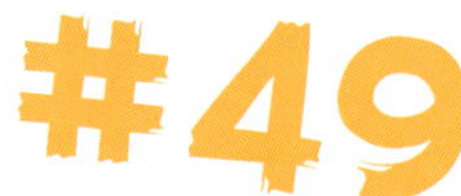

*Hand aufs Herz – wann war man das letzte Mal wirklich orientierungslos? Auf und um den Holleshof in Wachtendonk darf das innere Kind endlich mal wieder Sachen machen, die es jahrelang vernachlässigt hat. Das verwinkelte Maislabyrinth ist nur ein Beispiel.*



#wiederKindsein #einKurztripvollerSpaß #derMaisistheiß #Irrwege

Rein ins Maisfeld und ins Vergnügen! Nicht nur Kinder haben hier Spaß.



Jede Menge Spiel und Spaß für Groß und Klein gibt es auf dem Holleshof in Wachtendonk. Der familiengeführte Hof ist so etwas wie ein Natur-Erlebnis-Park zum Verirren, Rennen, Rutschen, Springen, Klettern, Toben und Tollen, Riechen, Fühlen und um Tiere zu erleben. Kurz gesagt zum Auspowern in der Natur!

Dabei kommt Entspannung nicht zu kurz, denn mit seiner traumhaften Lage an der Niers ist der Hof auch ein Ausgangspunkt für Erkundungen auf dem Kajak, Schlauchboot oder Paddelboot auf dem Gewässer, das 113 Kilometer lang ist.

Unbedingt ein Muss: das tolle Maislabyrinth besuchen. Dieses ist ungefähr ab Ende Juni geöffnet, je nachdem, wie gut der Mais gewachsen ist. Einen gewissen Orientierungssinn verlangt das Labyrinth jedem ab, denn in dem 60 000 Quadratmeter großen Irrgarten erwarten große und kleine Entdecker kilome-

terlange Irrwege, ungeahnte Sackgassen und verzwickte Weggabelungen.

Die Wegstrecke zwischen den stattlichen drei Meter hohen Maispflanzen ist ca. 2,6 Kilometer lang. Die Wege sind im gesamten Labyrinth 2,25 Meter breit und bei jedem Wetter begehbar. Übrigens ist das Maislabyrinth für Kinderwagen und Rollstuhlfahrer geeignet.

Auf dem Abenteuerspielplatz (mit Riesenhüpfburg und kleiner Bob-Bahn) am Waldrand locken viele Spielgeräte die Kleinen an, und die Eltern entspannen einfach bei einem Eis am Stiel im Schatten der vielen Bäume. Eines ist klar: Langweilig wird es auf dem Holleshof nicht! Ob Füttern der Tiere im Streichelzoo und in Hoppelhausen oder eine rasante Fahrt durch die Region: Auf dem Hof werden Familien-Bikes verliehen, auf denen vier Personen Platz finden. Sonnen- oder Regendach übrigens inklusive!

Wer Ruhe sucht, wird nur wenige Minuten vom Holleshof im Süden von Wachtendonk fündig.

---

**Hin & weg:** Am besten fährt man mit dem Auto. Von der nächstgrößeren Stadt Kemper kommt man mit dem Bus 63 nach Geldern Bahnhof bis Wachtendonk Loeweg. Von da aus sind es knapp 10 Min. zu Fuß zum Holleshof. Zum Hotel sind es noch 30 Min. zu Fuß.

**Beste Zeit:** Ab Sommer (ab Juni) bis zum Herbst.

**Dauer:** Ideal für eine Übernachtung und eine Stippvisite in der Natur (www.holleshof.de).

**Ausrüstung:** Entdeckergeist!

**Wenn es Nacht wird:** In der Nähe von Wachtendonk übernachtet man am besten in der schnuckeligen Pension Wagener (www.pension-wagener.de) in Wankum. Im Ort gibt es auch einige Restaurants.

---

Ein ereignisreiches Wochenende steht bevor, denn auf dem Holleshof können sich Klein und Groß in verschiedene Abenteuer stürzen und dabei die Natur genießen.

Auch hier fließt die Niers, die als Lebensraum für viele Tiere und Pflanzen dient. Ein 3,2 Kilometer langer und barrierefrei angelegter kulturlandschaftlicher Erlebnispfad, welcher im Norden um weitere elf Kilometer fortgeführt wird, lädt zum Entdecken ein. Start ist an der Burgruine in Wachtendonk.

Dabei hat der Pfad keinerlei Steigungen, und auch jene, die nicht so gut zu Fuß sind, können hier entspannt staunen. An jeder der insgesamt 19 Stationen sind Hinweisschilder mit Informationen installiert. Alle Schilder sind mit QR-Codes ausgestattet und man kann mehr über die Natur und Region erfahren.

Nur zu schade, dass man auf dem Holleshof nicht auch noch übernachten kann. Die schöne Pension Wagener ist aber mit einem kurzen Spaziergang erreichbar und lässt einen noch mehr in die Natur eintauchen.

**FAZIT: SICH IM MAIS VERIRREN, AUF DEM SPIELPLATZ TOBEN, NACH HERZENSLUST PADDELN UND EINFACH MAL WIEDER GENIEßEN, WIE SCHÖN ES IN DER NATUR IST.**

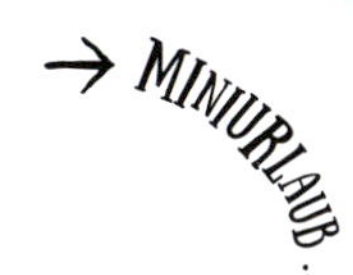


# GANZ VIELE SEEN SEHEN

*Absolut SEEhenswert ist die Sechs-Seen-Platte in Duisburg! Für ein Wochenende kann man hier ganz schnell vergessen, dass man sich im Ruhrpott befindet, denn Idylle und lauschig-romantische Stimmung stehen an den Seen ganz oben auf der Tagesordnung.*

#schattigePlätzchen #einWochenendevollerWasser #NaturimPott #SUPer

Quak, quak! Kein Wunder, dass sich die Enten hier in unberührter Natur so wohl fühlen.

Dass es im Pott so idyllisch ist, hätten wohl die wenigsten gedacht. Die Sechs-Seen-Platte in Duisburg ist DAS Naherholungsgebiet in der Region und lockt mit ihren Seen sonnenhungrige und abenteuerlustige Besucher an. Bestehend aus Wambachsee, Masurensee, Böllertsee, Wolfssee, Wildförstersee und Haubachsee ist die Sechs-Seen-Platte ideal, um zahlreiche schöne Stunden zu verbringen. 25 Kilometer Wegenetz bieten für jeden Geschmack das passende Programm. Ob ausgedehnte Wanderung, kleine Joggingrunde oder schneller Spaziergang – hier findet jeder Pott seinen Deckel.

Der Haubachsee ist fast ausschließlich für den Naturschutz reserviert, wird von der Biostation Westliches Ruhrgebiet betreut und ist bis auf eine kleine Aussichtsplattform größtenteils nicht zugänglich.

Oh wie grün! Was hier aber jeder gesehen haben muss, ist der Blick vom Aussichtsturm am Wolfssee, der mit seinen 22 Metern auf dem 63 Meter hohen Wolfsberg steht. Bei entsprechender Witterung ist ein beeindruckender Panoramablick möglich. Er reicht von Düsseldorf im Süden bis Moers im Nordwesten und Bottrop im Nordosten.

Badehose dabei? An heißen Tagen kann man im Freibad mit Sandstrand (www.poseidon duisburg.de) mehr als nur die Füße ins Wasser tauchen, nur außerhalb des Areals ist Schwimmen nicht erlaubt.

Interesse an ein bisschen Action auf dem Wasser? Stand Up Paddling (kurz SUP) ist aktuell der Renner und macht so viel Spaß! Auch an der Sechs-Seen-Platte kann man sich

---

**Hin & weg:** Ab Duisburg Hbf mit dem Bus 934 in Richtung Großenbaum Bf Ost bis Am See. Mit dem Auto kann man rund um die Sechs-Seen-Platte kostenfrei parken (im Sommer kann es voll werden!)

**Beste Zeit:** Im Sommer oder Spätsommer.

**Dauer:** Ein bis zwei Nächte.

**Ausrüstung:** Alles, was man für ein Wochenende Naherholung braucht (eventuell auch Schwimmsachen). Wer grillen möchte, sollte sich eine Kühlbox für die Zutaten mitbringen. Ein Grill kann vor Ort ausgeliehen werden.

**Wenn es Nacht wird:** Direkt an der Sechs-Seen-Platte kann man nicht übernachten. Von Haus Scheuten (www.haus-scheuten.de) sind es ca. 30 Min. durch den Duisburger Wald zur Sechs-Seen-Platte. Fantastisches Frühstück inbegriffen.

---

galant auf das Board stellen und die miteinander verbundenen Seen mit einem ganz anderen Blickwinkel betrachten. Bei ALOHA SUP (www.sup-aloha.de) kann man sich ein Board ausleihen. Auch SUP-Yoga, SUP-Pilates und – ganz spannend – SUP-Crossfit stehen hier auf der Agenda.

Wer Lust hat, auch seine Mahlzeit an der Sechs-Seen-Platte einzunehmen, der hat die Qual der Wahl. Sich nach Strich und Faden bedienen lassen, das ist im gutbürgerlichen Haus Seeblick direkt am Ufer des Masurensees (www.haus-seeblick-duisburg.de) möglich. Selbermacher und Selbstverpfleger können sich einen Grillplatz am Wolfssee reservieren (www.grillplatzvermietung.de).

**FAZIT: AN DER SECHS-SEEN-PLATTE BUCHT MAN DAS KOMPLETTPAKET DER NAHERHOLUNG. BEI DEN AUSWAHLMÖGLICHKEITEN IST FÜR JEDEN BESUCHER ETWAS DABEI.**

# EISZEIT-LICHE STIMMUNG

## #51

*Es war einmal der Neandertaler. Unser Vorfahre und ganz enger Vewandter. Als primitiver keulenschwingender Zeitgenosse spukt er immer noch grunzend durch unsere Vorstellungswelt. Das gilt es zu ändern! Und zwar direkt am Fundort des Neandertalers.*

#aufaltenSpuren #Neandertastisch #überStockundStein #historischeSchätze

Auf dem Weg durch das schöne Neandertal kommt man gerne mal ins Schnaufen. Denn obwohl die Höhenunterschiede nicht gravierend sind, geht es oft über Treppen in verschiedene Höhen.

Übrigens wurde der berühmte Neandertaler hier aus Zufall gefunden. Dem Bergbau sei Dank! Beim Buddeln fand man die Überreste und somit ein geschichtliches Highlight. Das Neanderthal Museum (www.neanderthal.de)

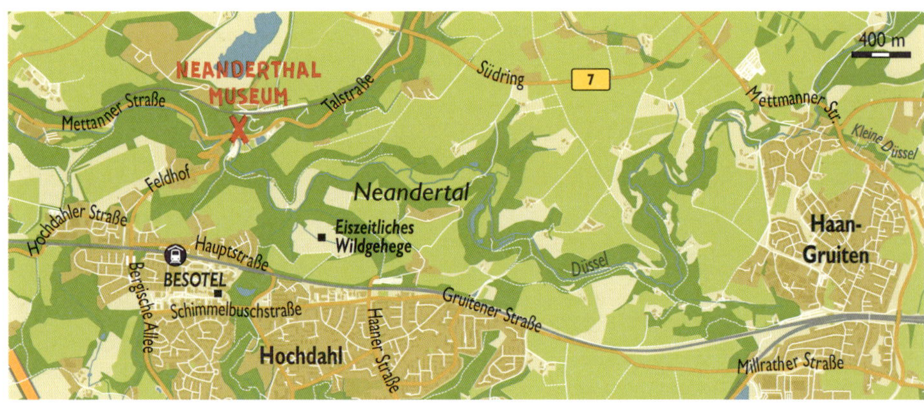

Die vielen Bewohner des Neandertals beäugen die Besucher ziemlich kritisch, schließlich sind sie es gewohnt, hier in der Idylle ihre Ruhe zu haben.

widmet sich diesen besonderen Urzeitmenschen und erklärt alles Wissenswerte rund um die Entwicklungsgeschichte zum modernen Menschen.

Nur einen Steinwurf entfernt kann man hier in der Steinzeitwerkstatt lernen, wie die Waffen zum Jagen damals hergestellt wurden. Bei einem Besuch im Eiszeitlichen Wildgehege (www.wildgehege-neandertal.de) müssen die Waffen aber ruhen, denn eingebettet im malerischen Tal finden auf mehr als 23 Hektar Auerochsen, Tarpane und Wisente, die zur Jagdbeute der Neandertaler zählten, eine artgerechte Haltung.

Ein Rundweg von etwa drei Kilometern führt einmal um das Gehege. Die Wege sind nicht befestigt und man muss durch den Höhenunterschied bis zu drei Stunden dafür einplanen. Eine Aussichtsplattform und Bänke laden zum Verweilen und Beobachten ein.

Weiter geht es mit Erkundungen der Gegend! Mit der App neanderland STEIG bewaffnet, kann jeder genau die Routen suchen, die zu den eigenen Vorlieben passen. Kurz und knackig oder doch ein wenig länger. Auch Restaurant- und Café-Tipps finden sich in der sehr gut gemachten App, denn Wanderer können hier auf 235 Kilometern den ganzen Kreis Mettmann umrunden.

Wer Fachwerk liebt, kann hier die Eskapade #27 einbauen. Eine Wanderung führt zum pittoresken Städtchen Haan-Dorf. Dieser Abstecher ist ein Bruch zur Natur des Neandertals und bringt einen an die kleine, aber feine Düssel.

**FAZIT: EINMAL IN DIE EISZEIT BITTE! OHNE ZU FRIEREN – ZUMINDEST IM SOMMER – KANN MAN IM NEANDERTAL KOPFÜBER IN EIN EISZEITLICHES ABENTEUER SPRINGEN.**

---

**Hin & weg:** Ins Neandertal kommt man einfach vom Bahnhof in Hochdahl. Rund um die Wanderwege gibt es auch viele Parkmöglichkeiten.

**Beste Zeit:** Ab April bis September. Aber auch im Winter hat das verträumte Neandertal seinen Reiz.

**Dauer:** Ein Wochenende oder eine Nacht.

**Ausrüstung:** Keine besondere Ausrüstung erforderlich. Startet man aber eine längere Wanderung, sollten feste Schuhe oder Wanderschuhe im Gepäck sein. Auch die App neanderland STEIG ist von Vorteil, wenn man die Gegend erkundet.

**Wenn es Nacht wird:** In den schönen, liebevoll gestalteten Ferienwohnungen und Apartments im BESOTEL (www.besotel.de) fühlt sich garantiert jeder wohl. Die Unterkunft befindet sich mitten im Neandertal. Rund um das Hotel liegen auch einige Restaurants.

---

# TRÄUMEN IM HEU

## … auf dem Böscherhof in Wegberg

*Der Duft von frischem und luftigem Heu kitzelt die Nase, zwischendurch huscht eine Katze vorbei. In der Ferne hört man die 800 Hühner fröhlich gackern. Eine große Portion Bauernhof-Feeling bekommt man auf dem Böscherhof in Wegberg – stilecht beim Schlafen im Heu.*



#Landluft #HipHipHeura #BauernhofRomantik #rausaufsLand #Tierestreicheln

Auch die Hofkatzen lieben es, im weichen und wohlriechenden Heu zu schlafen.

Pack den Schlafsack und die Isomatte ein! Denn jetzt wird im Heu übernachtet. Im kuscheligen Heuspeicher auf dem Böscherhof finden 25 Personen Platz. Im frischen Heu – genau genommen auf 800 Kilogramm – kann man hier in der ländlichen Idylle übernachten.

Der Böscherhof in Wegberg ist ein familiengeführter Hof, der neben einigen Katzen, einem Pony und Hunden knapp 800 Freiland-Hühner beherbergt. Und die machen immer lautstark auf sich aufmerksam. Immer mal wieder findet ein Huhn seinen Weg durch die Absperrung auf den Hof und beäugt die Gäste mit einem neugierigen Blick.

Der benachbarte Ziegenhof leiht immer mal wieder Ziegen an den Bauernhof aus, denn hier gibt es eines: viel Platz. Die zutraulichen Tiere, die gerne gestreichelt werden, verfolgen die Besucher auf Schritt und Tritt.

Auf dem Böscherhof gibt es eine Menge zu sehen! Die nette Familie Jahns nimmt ihre Gäste gerne mit auf eine Stippvisite in den Geräteschuppen mit den zahlreichen landwirtschaftlichen Gerätschaften und Maschinen, und zwischendurch auch mal in einen der beiden mobilen Hühnerställe. Besonders die kleinen Besucher können hier viel entdecken und für einen Tag Bauer oder Bäuerin sein.

Auch für eine Verpflegung ist gesorgt, denn neben einem Gasgrill im Hof kann man hier nach Anmeldung auch leckere Pizza im Steinofen backen. Nach dem Essen und wenn es dämmert, wird es auf dem Böscherhof nicht ruhig, denn dann heißt es für die Gäste: Auf zur Nachtwanderung!

Direkt am Naturpark Schwalm-Nette gelegen, ist der Böscherhof der perfekte Startpunkt für eine nächtliche Wanderung durch den benachbarten Wald Lüttelforster Bruch. Auch die Großen erfreuen sich an der herrlichen Nachtluft, die im Sommer noch schläfriger macht.

Wieder zurück auf dem Hof, geht es rauf zum Heuspeicher und das Nachtlager wird aufgeschlagen. Der Duft von frischem Heu beruhigt, erdet und beschert so ein außergewöhnliches Schlaferlebnis. Auch an die Allergiker

Auf dem Böscherhof kann man das landwirtschaftliche Leben kennenlernen, sich auf die Natur konzentrieren und Dinge ausprobieren, die man zu Hause nicht macht. Dazu gehört die Übernachtung im Heu.

ist gedacht, denn es gibt eine kleine Hütte außerhalb des Speichers, auf die zum Schlafen ausgewichen werden kann.

Der Morgen beginnt entspannt auf dem Böscherhof, und natürlich gibt es zum Frühstück auch ein leckeres Freilandei von den eigenen Hühnern. Und auch die Tiere stehen schon wieder parat und fordern ihre täglichen Streicheleinheiten ein.

**FAZIT: IM HEU SCHLÄFT ES SICH BESONDERS GUT! EINFACH MAL MUTIG SEIN UND DAS KLASSISCHE BETT VERGESSEN. DER BESUCH AUF DEM BÖSCHERHOF IST EIN ERLEBNIS!**

---

**Hin & weg:** Mit dem RE 13 ab Düsseldorf Hbf bis Mönchengladbach Hbf, von da aus weiter mit dem Bus 017 bis Wegberg und den Bus 408 nach Venheyde nehmen. Danach 20 Min. zu Fuß. Eine Anreise mit dem PKW ist empfohlen.

**Beste Zeit:** Das Heuhotel hat ab Ende Mai bis Ende September geöffnet. Danach ist es im ungeschützten Speicher zu kühl.

**Dauer:** Perfekt für eine Übernachtung.

**Ausrüstung:** Ein Schlafsack, eine Isomatte und was man sonst zum Übernachten braucht. Möchte man vor Ort grillen oder Pizza backen, müssen die Einkäufe mitgebracht werden. Es empfiehlt sich auch ein Mückenschutz.

**Wenn es Nacht wird:** Rund um den Böscherhof (www.boescherhof.de) gibt es viel Natur, aber dafür wenige Einkehrmöglichkeiten. Am besten bleibt man auf dem Hof, denn hier gibt es die Möglichkeit zur Selbstverpflegung.

---

# SONST NOCH WICHTIG

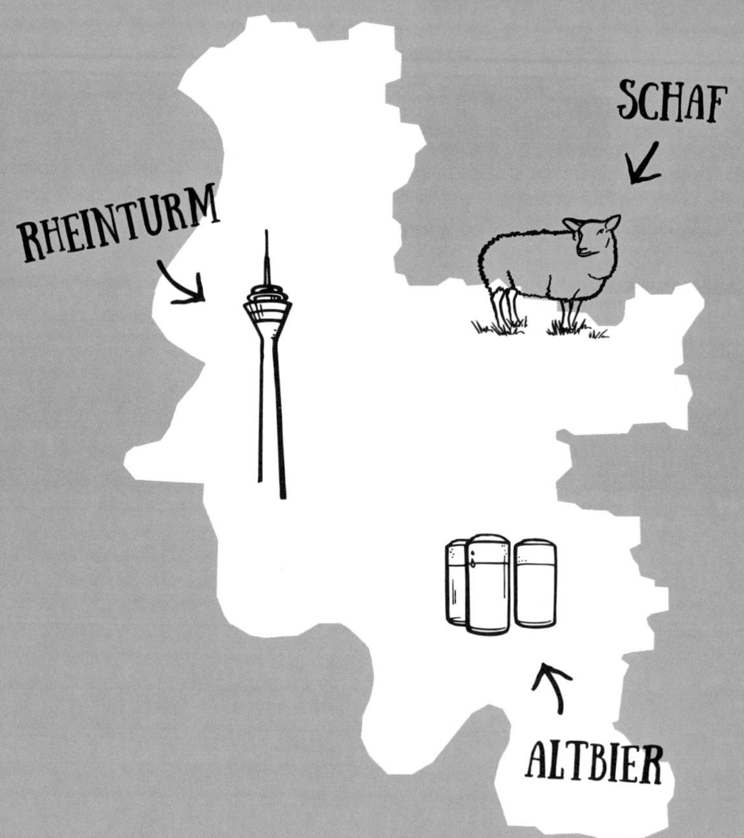

# Ein- und Überblick

*Karten für den schnellen Überblick, praktische Tipps, mehr über die Autorin sowie ein Ortsregister zum schnellen Nachschlagen gibt es auf den folgenden Seiten.*

### GPX-Download aufs Smartphone – so geht's

Voraussetzung:
Eine Outdoor-App muss installiert sein, z. B. KOMPASS, Outdooractive oder Komoot. Zum Einlesen des QR-Codes benötigen ältere Android-Geräte eine QR-Code-App. Bei neueren Android- und iOS-Geräten ist diese Funktion in der Kamera integriert.

Daten downloaden:

1. Den QR-Code einlesen oder die Webadresse im Browser eingeben, um auf die Eskapaden-Website zu gelangen.
2. Die gewünschte Tour zum Download anklicken.
3. Bei IOS-Geräten werden die GPX-Daten direkt mit der vorab installierten App verknüpft. Bei Android-Geräten muss ggf. noch ein Weiterleiten-Button geklickt werden (z. B. oben rechts im Display). Manche Apps zeigen den Tourverlauf starr an, andere haben eine Navigationsfunktion dabei.

## Tourenverlauf

GPX-Daten zum kostenlosen Download www.dumontreise.de/eskapaden/duesseldorf

short.travel/pss6z

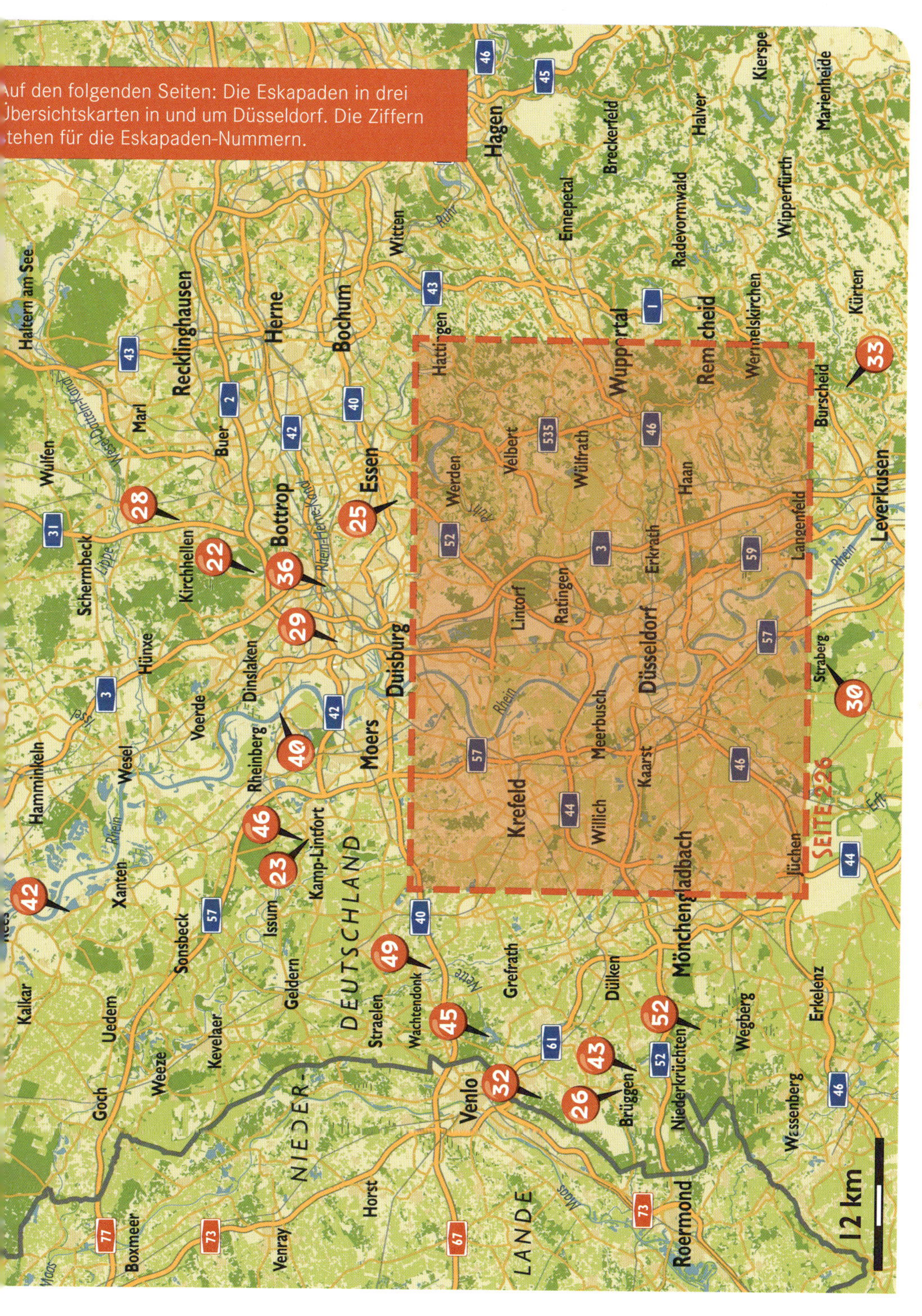

Auf den folgenden Seiten: Die Eskapaden in drei Übersichtskarten in und um Düsseldorf. Die Ziffern stehen für die Eskapaden-Nummern.
SEITE 226
Haltern am See
Recklinghausen
Herne
Bochum
Witten
Hagen
Ennepetal
Breckerfeld
Halver
Kierspe
Marienheide
Marl
Buer
Essen
Hattingen
Wuppertal
Remscheid
Radevormwald
Wipperfürth
Wermelskirchen
Kürten
Burscheid
Leverkusen
Wulfen
Schermbeck
Kirchhellen
Bottrop
Werden
Velbert
Wülfrath
Haan
Langenfeld
Erkrath
Ratingen
Lintorf
Duisburg
Hünxe
Dinslaken
Voerde
Wesel
Hamminkeln
Rheinberg
Moers
Düsseldorf
Meerbusch
Krefeld
Willich
Kaarst
Straberg
Xanten
Kamp-Lintfort
Issum
Sonsbeck
Kalkar
Uedem
Geldern
Kevelaer
Weeze
Goch
Straelen
Wachtendonk
Grefrath
Dülken
Mönchengladbach
Jüchen
Erkelenz
Wegberg
Niederkrüchten
Brüggen
Venlo
Wassenberg
Roermond
Horst
Venray
Boxmeer
DEUTSCHLAND
NIEDER-
LANDE
Rhein
Ruhr
Lippe
Niers
Nette
Maas
Erft
Wesel-Datteln-Kanal
Rhein-Herne-Kanal
12 km

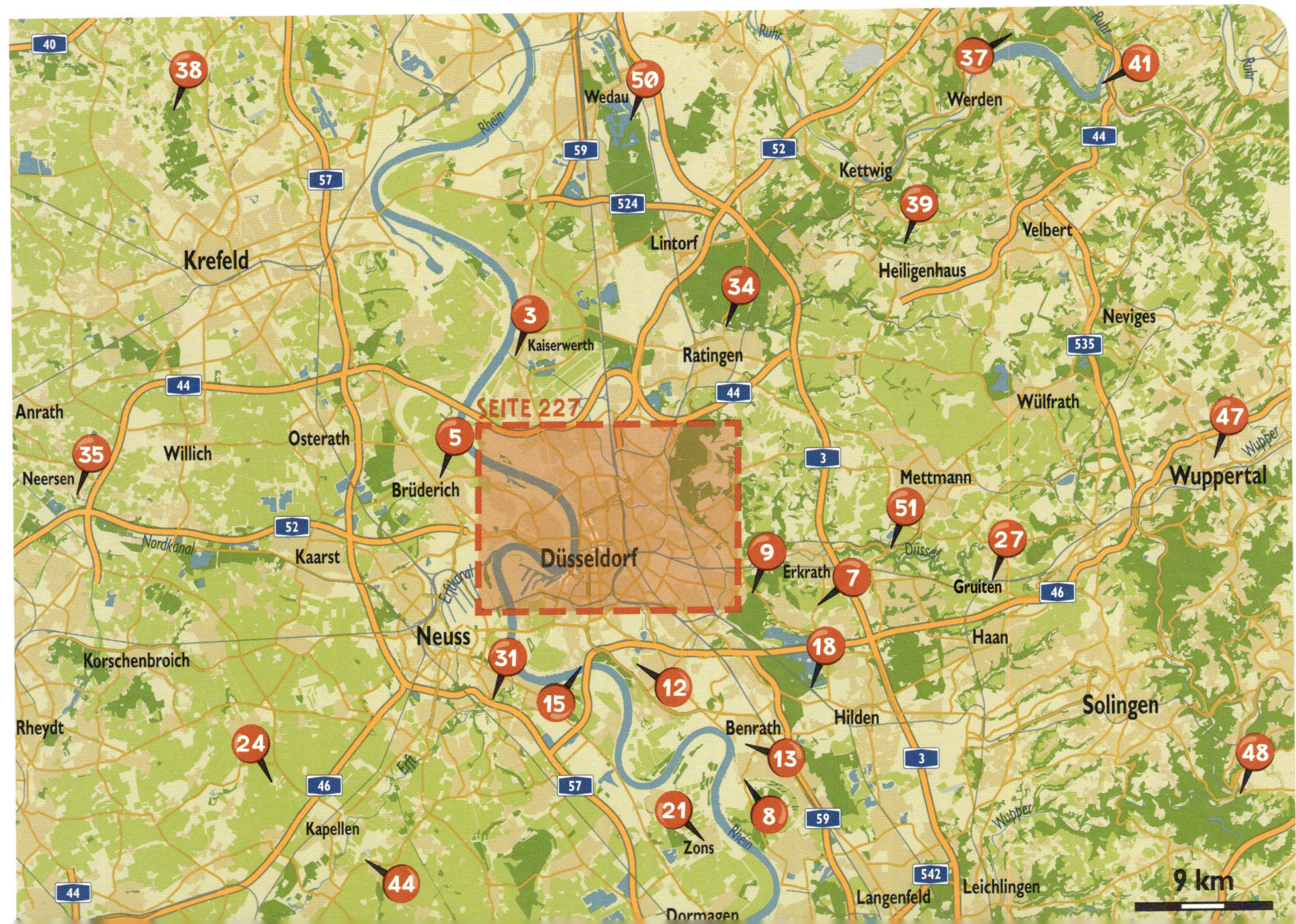
Krefeld
Anrath
Neersen
Willich
Osterath
Kaarst
Korschenbroich
Rheydt
Kapellen
Neuss
Brüderich
Kaiserwerth
Wedau
Lintorf
Ratingen
Düsseldorf
SEITE 227
Kettwig
Werden
Heiligenhaus
Velbert
Neviges
Wülfrath
Mettmann
Erkrath
Gruiten
Haan
Hilden
Benrath
Zons
Dormagen
Langenfeld
Leichlingen
Solingen
Wuppertal
Rhein
Ruhr
Wupper
Düssel
Erft
Erftkanal
Nordkanal
9 km
40
44
57
59
524
52
535
3
46
542
38
50
37
41
39
34
3
5
35
47
51
27
9
7
18
31
15
12
13
8
21
24
44
48

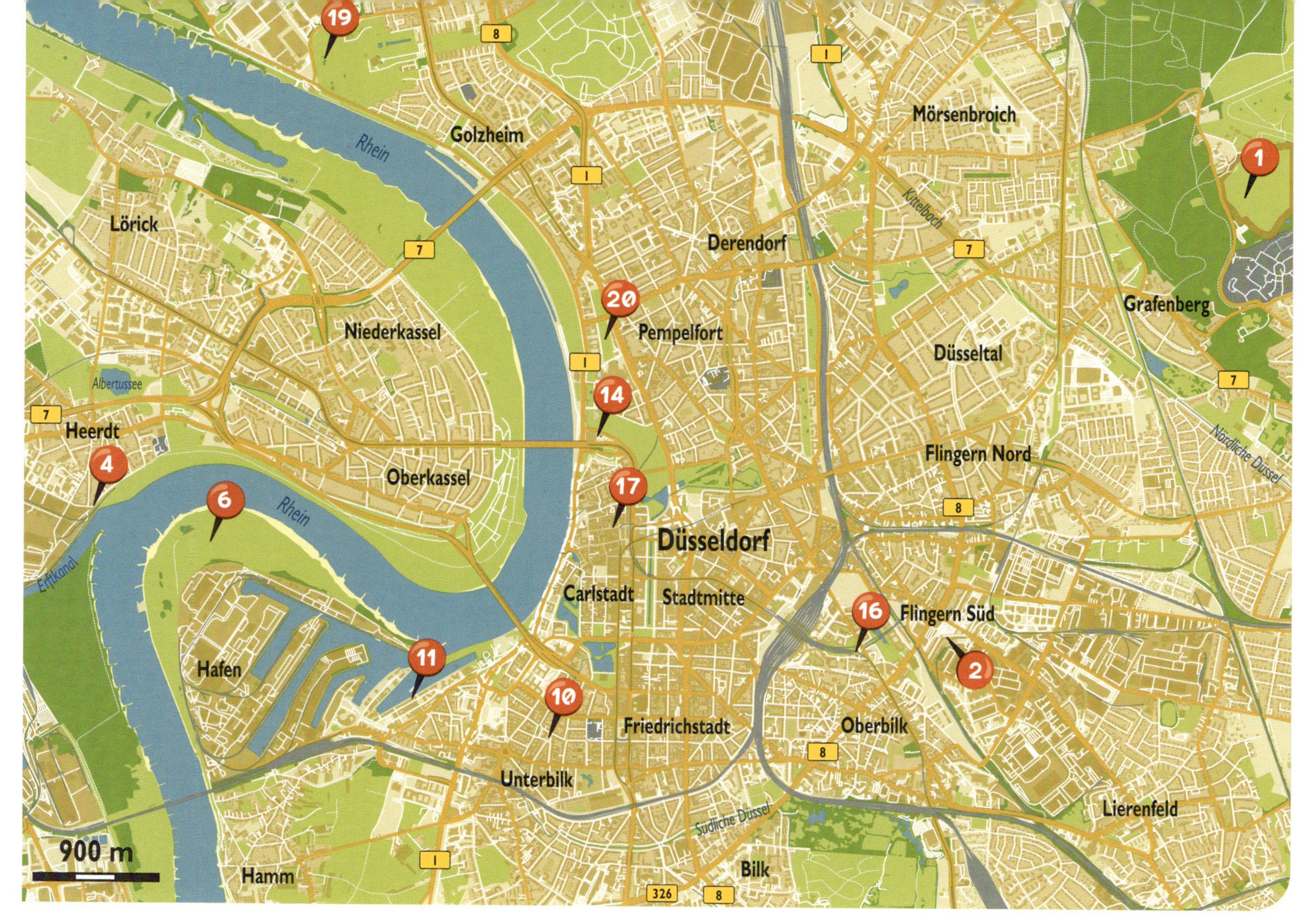
19
8
I
Mörsenbroich
1
Golzheim
Rhein
I
Kittelbach
Lörick
7
Derendorf
7
20
Grafenberg
Niederkassel
Pempelfort
Düsseltal
I
Albertussee
14
7
7
Heerdt
Flingern Nord
Nördliche Düssel
4
Oberkassel
17
6
Rhein
8
Düsseldorf
Erftkanal
Carlstadt
Stadtmitte
16
Flingern Süd
2
11
Hafen
10
Friedrichstadt
Oberbilk
8
Unterbilk
Lierenfeld
Südliche Düssel
900 m
I
Hamm
Bilk
326
8

## NOCH MEHR ESKAPADEN …

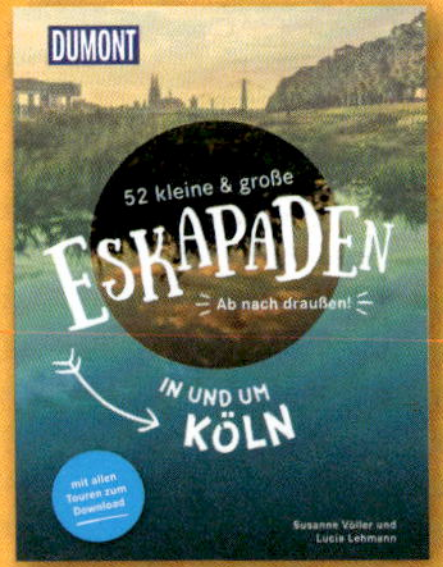


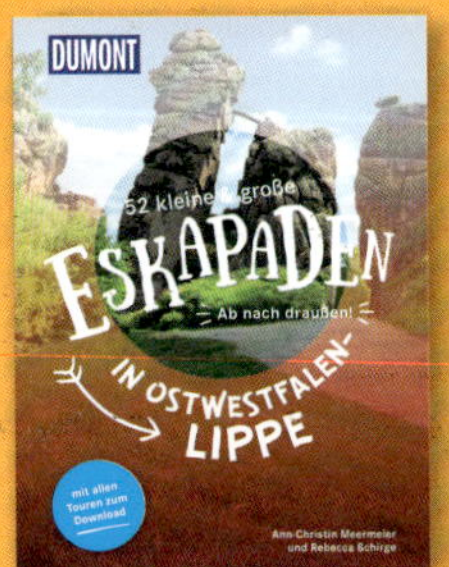


ISBN 978-3-7701-8087-5 ISBN 978-3-7701-8073-8 ISBN 978-3-616-11017-2

… erhalten Sie im gut sortierten Buchhandel und unter www.dumontreise.de

## IMPRESSUM

**Reihenkonzept** Monique Sorban

**Projektmanagement** Svenja Heinle

**Cover-/Buchgestaltung & Illustrationen** Carolin Weidemann, Köln, www.weidemann-design.com

**Umschlagproduktion, Lektorat & Buchproduktion** Verlagsbüro Wais & Partner (Beate König, Julia Rietsch, Kai Wieland), Stuttgart, www.wais-und-partner.de

**Text & Fotos** Jessica Niedergesäß, Mülheim an der Ruhr, www.yummytravel.de. S. 153/154 o. (»Slinky Springs to Fame« von Tobias Rehberger, Emscherkunst.2010) und S. 156 (»Zauberlehrling« von Inges Idee, Emscherkunst.2013) mit freundlicher Genehmigung der Emschergenossenschaft.

**Kartografie** © KOMPASS, Innsbruck, unter Verwendung von Kartendaten von © OpenStreetMap-Mitwirkende, Lizenz CC-BY-SA 2.0

**Hinweis** Alle Informationen wurden mit größtmöglicher Sorgfalt geprüft. Infolge der Corona-Pandemie kann es allerdings zu kurzfristigen Geschäftsschließungen und anderen Änderungen vor Ort gekommen sein.



Printed in Poland

1. Auflage 2021

ISBN 978-3-616-11014-1

www.dumontreise.de

## Geschmackssachen

In Düsseldorf wird die Altbierkultur großgeschrieben (#17). Auch die bergischen Waffeln und Kaffeetafeln dürfen nicht fehlen (#48). Einfach nur gemütlich, etwas Altes und mitten in der Natur ist der Schmücker Hof (#28), der mit seinen frischen Früchten und leckeren Kreationen jeden Hunger stillt.

## Weiterlesen

Auf der offiziellen Website des Tourismusverbandes in NRW (www.nrw-tourismus.de) gibt es eine Menge Ideen für echte Entdecker und Auszeitverliebte. Online und im Printmagazin coolibri (www.coolibri.de) wird die Rhein-Ruhr-Region beleuchtet.

# GUT ZU WISSEN ...

## Ohne Auto

Viele der Eskapaden sind einfach mit Bus und Bahn zu erreichen und unter www.bahn.de planbar. Die meisten Städte, so auch Düsseldorf, liegen im VRR-Verbundraum (www.vrr.de). In und um Düsseldorf kann man sich über www.nextbike.de ein Fahrrad leihen. Carsharing-Standorte findet man unter www.drive.now.de

## Sicherheit & Notfälle

Im Fall der Fälle immer die europäische zentrale Notrufnummer 112 wählen. Diese ist aus allen Netzen, auch mobil, gebührenfrei.

## Vor Ort im Netz

Für spezielle Düsseldorf-Tipps: Das Magazin The Dorf (www.thedorf.de) zeigt die Stadt in verschiedenen Facetten. Der Outdoor-Blog www.wanderwege-nrw.de hat viele außergewöhnliche Ideen auf Lager!

# ESKAPADEN-REGISTER …

# JESSICA NIEDERGESÄẞ

## ... über die Autorin

Die freiberufliche Bloggerin und Social-Media-Managerin Jessica ist auf der ständigen Suche nach Inspiration und wirft dabei zu gerne den Blick über den Tellerrand und in fremde Kochtöpfe. Mit einem Schwerpunkt auf Tipps für Wochenendausflüge und Urlaub in der Region verrät sie ihren Leser*innen versteckte Rückzugsorte direkt vor der eigenen Haustür. Ihre Heimat, die grüne Seele des Ruhrpotts, musste sie für diese Eskapaden also gar nicht weit zurücklassen.

Weitere Geheim- und Food-Tipps gibt's auf ihrem Blog unter www.yummytravel.de

## Das macht glücklich

Eskapade #43: Auge in Auge mit den flauschigen Alpakas! Bei einer Wanderung findet man hier wieder seine innere Mitte, kann ein bisschen kuscheln und die therapeutische Wirkung der Neuweltkamele erfahren.

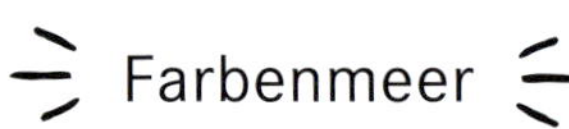

## Farbenmeer

Eskapade #24: Wer findet die schönste Tulpe? In Grevenbroich begibt man sich an einem Nachmittag auf eine farbenfrohe Therapie, die jede Seele wieder heilt.

# 5 BESONDERE EMPFEHLUNGEN …

## Zeitreise

Eskapade #21: »Kopfüber in eine andere Zeit« ist das Motto in Zons. Die ehemalige Zollfeste hat historisch einiges auf dem Kerbholz und der Rhein zeigt sich hier von seiner ursprünglichen Seite.

## Fruchtige Natur

Eskapade #30: Mmh, das duftet! Apfel- und Birnbäume, so weit das Auge reicht. Dazwischen »Mäh«-en die putzigen Heidschnucken. Am Kloster Knechtsteden kann man auf fruchtigen Spuren wandern.

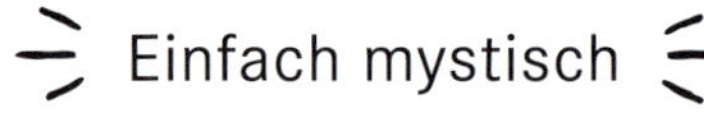

## Einfach mystisch

Eskapade #8: In Düsseldorf liegt ein zauberhaftes und verträumtes Naturparadies, das die wenigsten kennen – die Urdenbacher Kämpe. In der Auenlandschaft und am Rhein kann man Stunden wie in einer anderen Welt verbringen.